초판 4쇄 발행 | 2018년 4월 10일

지은이 | 신중현
발행인 | 김태웅
편집장 | 강석기
편　집 | 김현아
디자인 | 이미영
마케팅 총괄 | 나재승
마케팅 | 서재욱, 김귀찬, 이종민, 오승수, 조경현, 양수아
온라인 마케팅 | 김철영, 양윤모
제　작 | 현대순
총　무 | 전민정, 안서현, 최여진, 강아담
관　리 | 김훈희, 이국희, 김승훈

발행처 | (주)동양북스
등　록 | 제 2014-000055호(2014년 2월 7일)
주　소 | 서울시 마포구 동교로22길 12 (04030)
전　화 | (02)337-1737
팩　스 | (02)334-6624

http://www.dongyangbooks.com

ISBN 978-89-8300-833-6 13770

▶ 본 책은 저작권법에 의해 보호받는 저작물이므로 무단 전재와 복제를 금합니다.
▶ 잘못된 책은 구입처에서 교환해드립니다.

NEW 후다닥 여행스페인어

SPAIN
Speed Speaking

신중현 지음

동양북스

머리글

생각만 해도 설레는 해외여행!
여권준비, 비행기 예약, 숙소 예약, 드디어 출국!
여행을 앞두고 이것저것 다 준비한 것 같은데, 무언가가 허전하다면 바로 중요한 언어 문제일 것입니다.
이왕 떠나는 신나는 여행인데, 언어에 대한 아무런 준비도 없이 허술히 떠난다면 얼마나 아쉽겠습니까?
자, 그럼 큰맘 먹고 가는 즐거운 여행,
회화책 한 권은 들고 여행을 떠나야겠죠?
이 책은 바로 자신 있게 여행길에 오르고 싶은 분들을 위해 기획한 책입니다.
해외여행 기본상식, 여행 준비자료 등과 함께 그 곳에서 바로 쓸 수 있도록 실용적인 회화문을 위주로 담았습니다. 그림으로 쉽게 찾아 볼 수 있도록 출국장에서, 기내에서, 공항에서, 호텔에서, 현지관광 등에서 각 장소별로 주로 쓰이는 회화 중심으로 실려 있기 때문에, 기본적인 표현은 쉽게 구사할 수 있을 것입니다.
Chapter 0에서는 모르는 스페인어 어휘를 그때그때 쉽게 쓸 수 있도록 별도로 엮었습니다.
해외로 떠나는 신나는 여행?
이젠 '후다닥 여행 스페인어' 와 함께 떠나세요.
여행길에 든든한 친구가 되어 줄 것입니다.

이 책의 활용법

독일 가기 전 체크 사항

떠나기 전에 체크해야 할 사항을 실었습니다. 여행 짐싸기부터 귀국 준비까지 여러분의 여행을 한층 업그레이드해 줄 팁으로 여행준비를 도와 드립니다.

그림으로 보여 주는 알짜 단어

해당 주제 아래 다시 작은 주제별로 필요한 단어들을 모았습니다. 알짜 표현에 맞게 다양한 그림들을 함께 묶어 갑작스럽게 단어를 구사해야 하는 상황에서 실용적으로 사용할 수 있습니다.

New 후다닥 **여행 스페인어**

표현

어떤 상황에서라도 꼭 필요한 문장을 쉽게 찾아볼 수 있도록 편리하게 chapter별로 인덱스를 해 놓았습니다. 상황에 따라 찾아보면서 필요한 표현들을 익혀 보세요.

mp3 다운로드

책 속의 모든 표현에 대해 한글과 독일어 모두를 현지인의 음성으로 녹음하였습니다. mp3 파일은 동양북스(http://www.dongyangbooks.com)에서 내려 받으실 수 있습니다.

▶ 이 책에 쓰인 한글 발음은 실제 발음과는 차이가 있으므로 정확한 발음은 mp3를 참고하시기 바랍니다.

차례

CHAPTER 0 그림으로 보여 주는 알짜 단어

Tip. 스페인 가기 전 체크 사항 12
기내에서 16
입국심사대에서 17
숙소에서 18
거리에서 건물 | 위치 20
식당에서 주문 | 음식 | 음료 |
술·안주 | 조미료 | 식기 23
쇼핑에서 계산·개수 | 색깔 |
전자제품 | 잡화 | 의류 |
쇼핑에 필요한 기본 형용사 30
병원·약국에서 약 | 병명 | 증상 38
시간·날 41
월 42
일 43
요일 44
숫자 45

CHAPTER 1 기본표현

Tip. 한국과 다른 문화나 에티켓 48
인사하기 50
소개하기 52
질문하기 54
대답하기 56
맞장구 치는 표현 58
감사 및 사과 표현 60
부탁하기 62
칭찬하기 64

CHAPTER 2 기내

좌석 찾기 68
식사와 음료 서비스 받기 70
기타 서비스 요청하기 72
간단한 의료 서비스 받기 74
입국신고서 작성하기 76

CHAPTER 3 공항

입국 심사 받기 80
짐 찾기 82
세관 검사 받기 84
환전 서비스 이용하기 86
공항 교통 이용하기 88

CHAPTER 4 호텔

Tip. 한국과 다른 문화나 에티켓 92
체크인 (예약을 안 한 경우) 94
체크인 (예약을 한 경우) 96
룸서비스 이용하기 98
호텔 프런트에 문의하기 100
호텔에서 문제 해결하기 102
체크아웃 104

CHAPTER 5 식당

Tip. 스페인 음식 108
예약하기 110
식당 찾기 112
메뉴 고르기 114

주문하기 116	백화점 이용하기 166
식사하기 118	전자상가 이용하기 168
패스트푸드 주문하기 120	의류매장 이용하기 170
카페에서 주문하기 122	서점 이용하기 172
술집에서 주문하기 124	교환 및 환불하기 174
식당에서 문제 해결하기 126	
계산하기 128	

CHAPTER 9 공공시설

전화 이용하기 (1) 178
전화 이용하기 (2) 180
우체국 이용하기 182
은행 이용하기 184

CHAPTER 6 교통

버스 이용하기 132
전철 · 지하철 이용하기 134
택시 이용하기 136
열차 이용하기 138
렌터카 이용하기 140

CHAPTER 10 긴급상황

분실 및 도난 사고 188
교통사고 190
건강 이상 (1) 192
건강 이상 (2) 194
건강 이상 (3) 196

CHAPTER 7 관광

Tip. 스페인의 관광지 144
관광안내소에 문의하기 146
길 묻는 표현 148
관광지에서 (1) 150
관광지에서 (2) 152
단체관광 154
사진 촬영하기 156

CHAPTER 11 귀국

항공권 예약 및 변경 200
공항에서 출국 수속 202
전송 나온 사람이 있을 때 204
연착 및 비행기를 놓쳤을 때 206

Tip. 스페인의 공휴일 / 축제 208

스페인 지하철 노선표 210

CHAPTER 8 쇼핑

쇼핑 관련 표현 160
가격 흥정 162
계산하기 164

Chapter 0

그림으로 보여 주는 알짜 단어

쇼핑에서
계산·개수 | 색깔 |
전자제품 | 잡화 | 의류 |
쇼핑에 필요한 기본 형용사

기내에서
입국심사대에서
숙소에서
거리에서
건물 | 위치
식당에서
주문 | 음식 |
음료 | 술·안주 |
조미료 | 식기

병원·약국에서
약 | 병명 | 증상
시간·날
월
일
요일
숫자

Tip. 스페인 가기 전 체크사항

출발 전 체크

기후와 날씨

스페인의 지형은 남북으로 긴 편이라 지역에 따라 기후 차이가 크다. 따라서 본인이 여행할 지역을 미리 조사하고 준비하는 것이 좋다. 또한 일교차가 커서 얇은 바람막이 점퍼와 모자, 선크림, 선글라스는 필수이다.

비자

관광 목적으로 90일 이내 머무는 경우, 무비자 입국 가능하다.
※ 단, 여권 만료일이 6개월 이상 남아야 함.

여행자 보험

스페인 전역의 관광객을 대상으로 소매치기가 극성이므로 늘 주의하고 의료, 사고, 절도, 수화물 분실 등의 모든 항목을 보장하는 여행자 보험에 가입하는 것이 좋다.

화폐

유로 사용. 지폐의 단위는 €500, €200, €100, €50, €20, €10, €5유로가 있다.

그 밖에 스페인 직항 노선이 아닌 경유 노선의 경우, 경유지가 EU국가라면 기내에 100ml 이상 액체의 반입이 금지되므로 액체류 구입을 자제하는 것이 좋다.

Tip. 스페인 가기 전 체크사항

스페인은?

정식명칭은 에스타도 에스파뇰 (Estado Español)이며, 스페인은 영어명이다. 유럽대륙의 서쪽 끝인 이베리아 반도에 위치한다. 서쪽으로 포르투갈, 북쪽으로 프랑스에 접하고, 남쪽으로 지브롤터 해협을 사이에 두고 아프리카의 모로코와 마주하며 동쪽으로 지중해, 북쪽으로 비스케이 만(灣), 북서쪽으로 대서양에 닿아있다.

위치	유럽 남부의 이베리아 반도
면적	50만 6030㎢. 유럽 대륙에서는 러시아, 프랑스 다음으로 큼.
수도	마드리드
공용어	스페인어
종교	카톨릭 (94%)
인구	약 4,600만 명

생활방식

스페인은 산업국가이자 선진국이며 대부분의 인구는 도시에 거주한다. 하지만 농부와 전원주의자들은 시골에서 살고 있으며 도시의 최신 유행 대신에 자연의 삶을 따르려 하고 있다. 대다수의 인구는 마드리드를 빼고는 해안가에 유지하며 대표적으로는 바르셀로나, 빌바오, 말라가, 사라고사, 살라망까 등에 분포한다.

건축

안또니오 가우디, 사그라다 파밀리아 스페인 건축은 현대 스페인에서 실행

된 건축물들을 총칭하며 스페인 건축가들이 이뤄놓은 작품까지 포함하기도 한다. 또한 스페인이 히스파니아 혹은 알안달루시아로 불리던 시절에 지어진 건축물도 포함된다. 역사적, 지리적 다양성에 걸맞게 스페인의 건축 양식은 다양한 문화적 특성을 두루 갖고 있다. 스페인의 건축 양식은 다채로운 문화적 특성으로 심지어는 일부 시의 특정 부문이 유네스코 세계유산으로 지정되기도 했다.

관습

대표적인 관습으로는 시에스따(La Siesta : 낮잠)가 있다. 시에스따는 낮 동안에 잠시 일터에서 돌아와 휴식을 취하는 스페인의 고유 관습이며, 안달루씨아 지방에서부터 파생되었다고 한다. 유럽의 관념에서 스페인의 시에스따는 이미 오래전부터 인식되어 왔다.

많은 상점과 박물관조차 이 시간에는 문을 닫으며 거의 대부분의 사업장이 오후 중 두세 시간 정도 문을 닫으며, 지방 도시의 경우 시내 버스는 30분에서 1시간 간격으로 운행되기도 한다. 낮 기온이 너무나 높기 때문에(한 예로, 세비야의 7월 한낮의 온도는 섭씨 43도까지 올라간다) 시에스따가 불가피하게 전해 내려왔다고 보는 사람도 있다. 그러나 최근 스페인 의회에서 시에스따를 관공서에서만큼이라도 금하겠다는 조치를 발표하여 스페인 전역에서 반발 여론이 급증하고 있다. 또한 소도시에서는 저녁에 한두 시간 정도 산책(스페인어 Paseo)하는 것이 흔하여 대도시에서도 이런 모습을 가끔 볼 수 있다.

스페인의 저녁 식사 시간은 유럽에서도 제일 늦다. 대개 동부 지방에서는 밤 9시, 서부 지방에서는 밤 10시에 저녁 식사를 한다.(스페인사람들은 한국인들이 보통 오후 6~7시에 저녁식사를 먹는 것을 이해하지 못한다) 따라서 필연적으로 밤 문화가 흔하며 댄스 클럽이 소도시에서도 아주 흔하다. 대개 이런 클럽은 자정에 문을 열고 새벽까지 영업을 한다. 여름의 마드리드에서는 새벽 1시나 2시쯤에 있는 음악 공연을 빼놓을 수 없을 정도다.

기내에서

아래 단어를 빈칸에 넣어 보세요

_____ 주세요.

¿Me puede traer _____ ?
메　뿌에데　뜨라에르

물
Agua
아구아

주스
Zumo
쑤모

맥주
Cerveza
쎄르베싸

와인
Vino
비노

휴지
Pañuelo de papel
빠뉴엘로 데 빠뻴

신문
Periódico
뻬리오디꼬

입국 심사대에서

아래 단어를 빈칸에 넣어 보세요

입국목적은? ¿Objetivo de su viaje?
옵헤띠보　　데　수　비아헤?

관광
Turismo
뚜리스모

비즈니스
Negocios
네고씨오스

공부
Estudios
에스뚜디오스

유학
Estudios en el extranjero
에스뚜디오스 엔 엘 엑스뜨랑헤로

친구방문
Visita a un amigo
비시따 아 운 아미고

친척방문
Visita a pariente
비시따 아 빠리엔떼

숙소에서

있어요?

¿Hay ?
아이?

텔레비전
Televisor
뗄레비소르

인터넷PC
Ordenador con internet
오르데나도르 꼰 인떼르넷

전화
Teléfono
뗄레포노

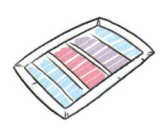

이불
Sábana
사바나

화장지
Papel higiénico
빠뻴 이히에니꼬

열쇠
Llave
야베

베개
Almohada
알모아다

타올
Toalla
또아야

비누
jabón
하본

아래 단어를 빈칸에 넣어 보세요

_____ 은 어디에 있어요?
¿Dónde está _____?
돈데   에스따?

샴푸
Champú
참뿌

치약
Pasta de dientes
빠스따 데 디엔떼스

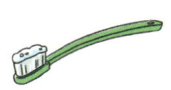

칫솔
Cepillo de dientes
쎄삐요 데 디엔떼스

식당
Restaurante
레스따우란떼

화장실
Baño
바뇨

거리에서

건물

____은 어디에 있어요?

¿Dónde está ____?
돈데   에스따

역
La estación
라 에스따씨온

버스정류장
La Parada de autobús
라 빠라다 데 아우또부스

백화점
Los grandes almacenes
로스 그란데스 알마쎄네스

서점
La librería
라 리브레리아

화장실
El baño
엘 바뇨

레스토랑
El restaurante
엘 레스따우란떼

패스트푸드점
el restaurante de comida rápida
엘 레스따우란떼 데 꼬미다 라삐다

술집
bar
바르

편의점
tiendas de conveniencia
띠엔다스 데 꼰베니엔씨아

20 후다닥 여행 스페인어

아래 단어를 빈칸에 넣어 보세요

☐ 이 어디에 있어요?
¿Dónde está ubicado ☐ ?
돈데 에스따 우비까도?

은행
El banco
엘 방꼬

우체국
la oficina de correos
라 오피씨나 데 꼬르레오스

병원
El hospital
엘 오스삐딸

파출소
La estación de policía
라 에스따씨온 데 뽈리씨아

커피숍
La cafetería
라 까페떼리아

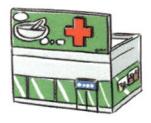

약국
La farmacia
라 파르마씨아

거리에서 위치

위치에 관한 스페인어

동쪽
El Este
엘 에스떼

서쪽
El Oeste
엘 오에스떼

남쪽
El Sur
엘 수르

북쪽
El Norte
엘 노르떼

앞 / 뒤
Frente / trás
프렌떼 / 뜨라스

오른쪽 / 왼쪽
Derecha / izquierda
데레차 / 이쓰끼에르다

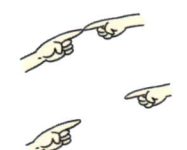

멀다 / 가깝다
Lejos / cerca
레호스 / 쎄르까

이쪽 / 그쪽 / 저쪽
Este / ese / aquel
에스떼 / 에세 / 아껠

식당에서 — 주문

음식 주문하는 법

(웨이터를 부를 때) 여기요
Camarero, por favor
까마레로 뽀르 파보르

이거 주세요
Éste por favor
에스떼 뽀르 파보르

식당에서

음식

　　　　　　　　주세요.

　　　　　　　　por favor.
　　　　　　　　뽀르　파보르

보통
Normal
노르말

곱빼기
Doble
도블레

특대
Extra grande
엑스뜨라 그란데

부드러운 맛
Suave
수아베

매운 맛
Picante
삐깐떼

아래 단어를 빈칸에 넣어 보세요

_____ 주세요.
_____ por favor.
뽀르 파보르

스테이크
bistec(filete)
비스떽(필레떼)

과일
Fruta
프루따

빵
Pan
빤

케익
Tarta(pastel)
따르따(빠스텔)

푸딩
púdin
뿌딘

아이스크림
Helado
엘라도

햄버거
Hamburguesa
(햄버거) 암부르게사

빠에야 (스페인 전통 스튜)
Paella
(스페인전통요리) 빠에야

샐러드
Ensalada
(샐러드) 엔살라다

따빠스
Tapas
(스낵) 따빠스

밥
Arroz
(밥) 아르로쓰

식당에서

음료

_____ 주세요.
_____ por favor.
뽀르 파보르

커피
Café
까페

코코아
Cacao
까까오

주스
Zumo
쑤모

콜라
Coca cola
꼬까 꼴라

우유
Leche
레체

녹차
Te verde
떼 베르데

두유
Leche de soja
레체 데 소하

술 · 안주 아래 단어를 빈칸에 넣어 보세요

☐ 주세요.
☐ por favor.
　　뽀르　파보르

생맥주
Cerveza de barril
쎄르베싸 데 바르릴

병맥주
Cerveza en botella
쎄르베싸 엔 보떼야

위스키
Whisky
위스끼

와인
Vino
비노

소주
Licor
리꼬르

식당에서

조미료

☐ 주세요.
☐ por favor.
뽀르 파보르

간장
Salsa de soja
살사 데 소하

겨자
Mostaza
모스따싸

마늘
Ajo
아호

소금
Sal
살

고추
Chile(ají)
칠레(아히)

소스
Salsa
살사

설탕
Azúcar
아쑤까르

후추
Pimienta
삐미엔따

식초
Vinagre
비나그레

식기

아래 단어를 빈칸에 넣어 보세요

| 주세요.
| por favor.
뽀르   파보르

숟가락
Cuchara
꾸차라

젓가락
Palillos
빨리요스

칼
Cuchillo
꾸치요

컵
Vaso
바소

포크
Tenedor
떼네도르

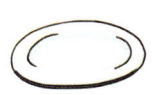

접시
Plato
쁠라또

밥그릇
bol
볼

쇼핑에서

계산

_____ 로 계산할게요.

pagaré en _____.
요 빠고 엔

현금
Efectivo
에펙띠보

카드
Tarjeta
따르헤따

개수

개수		
한 개	Uno	우노
두 개	Dos	도스
세 개	Tres	뜨레스
네 개	Cuatro	꾸아뜨로
다섯 개	Cinco	씽꼬
여섯 개	Seis	세이스
일곱 개	Siete	시에떼
여덟 개	Ocho	오초
아홉 개	Nueve	누에베
열 개	Diez	디에쓰

아래 단어를 빈칸에 넣어 보세요

색깔

색깔		
■ 갈색	Marrón	마르론
■ 검은색	Negro	네그로
■ 노란색	Amarillo	아마리요
■ 녹색	Verde	베르데
■ 보라색	Violeta	비올레따
■ 분홍색	Rosa	로사
■ 빨간색	Rojo	로호
■ 오렌지색	Naranja	나랑하
■ 푸른색	Azul	아술
■ 회색	Gris	그리스
□ 흰색	Blanco	블랑꼬

쇼핑에서

전자제품

_____ 주세요.

_____ por favor.
<u>뽀르</u>　<u>파보르</u>

컴퓨터
Ordenador
오르데나도르

노트북
Ordenador portátil
오르데나도르 뽀르따띨

핸드폰
Teléfono móvil
뗄레포노 모빌

MP3플레이어
Reproductor de Mp3
레쁘로둑또르 데 에메뻬 뜨레스

디지털 카메라
Cámara digital
까마라 디히딸

이어폰
Auriculares
아우리꿀라레스

DVD
Dvd
데 우베 데

게임소프트
video juego
비데오 후에고

잡화

아래 단어를 빈칸에 넣어 보세요

	주세요.
	por favor.

뽀르   파보르

시계
Reloj
렐로흐

안경
Gafas
가파스

선글라스
Gafas de Sol
가파스 데 솔

핸드폰 줄
colgante para el móvil
꼴간떼 빠라 엘 모빌

지갑
Billetera
비예떼라

반지
Anillo
아니요

목걸이
Collar
꼬야르

팔찌
Pulsera
뿔세라

귀걸이
Pendientes
뻰디엔떼스

쇼핑에서

_____ 주세요.
_____ por favor.
뽀르 파보르

담배
Cigarrillos
씨가르리요스

라이터
Encendedor
엔쎈데도르

우산
Paraguas
빠라구아스

화장품
Cosméticos
꼬스메띠꼬스

가방
Bolso
볼소

의류

아래 단어를 빈칸에 넣어 보세요

	주세요.
	por favor.
	뽀르　파보르

셔츠
polo
뽈로

티셔츠
Camiseta
까미세따

와이셔츠
Camisa
까미사

블라우스
Blusa
블루사

스웨터
Suéter
수에떼르

양복
Traje
뜨라헤

넥타이
Corbata
꼬르바따

양말
Calcetines
깔쎄띠네스

코트
Abrigo
아브리고

바지
Pantalones
빤딸로네스

청바지
Vaqueros
바께로스

스커트
Falda
팔다

구두
Zapatos
싸빠또스

운동화
Zapatillas(Deportivas)
싸빠띠야스(데뽀르띠바스)

쇼핑에서

쇼핑에 필요한 기본 형용사

비싸다
Caro
까로

싸다
Barato
바라또

크다
Grande
그란데

작다
Pequeño
뻬께뇨

가볍다
Ligero
리헤로

무겁다
Pesado
뻬사도

짧다
Corto
꼬르또

길다
Largo
라르고

많다
Mucho
무초

적다
Poco
뽀꼬

새롭다
Nuevo
누에보

낡다
Viejo
비에호

병원·약국에서

약·병명

　　　　　주세요.
　　　　　por favor.
　　　　　뽀르　파보르

소독약
Desinfectante
데신펙딴떼

감기약
Remedio para el resfriado
레메디오 빠라 엘 레스프리아도

해열진통제
Analgésico para la fiebre
아날헤시꼬 빠라 라 피에브레

소화제
Remedio para la digestión
레메디오 빠라 라 디헤스띠온

변비약
Laxante
락산떼

멀미약
Antináuseas
안띠나우세아스

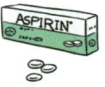

아스피린
Aspirina
아스삐리나

연고
Pomada
뽀마다

반창고
Esparadrapo
에스빠라드라뽀

아래 단어를 빈칸에 넣어 보세요

감기
resfriado
레스프리아도

식중독
Intoxicación alimentaria
인똑시까씨온 알리멘따리아

두통
Dolor de cabeza
돌로르 데 까베싸

복통
Dolor de barriga
돌로르 데 바르리가

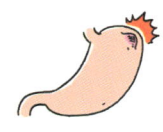
위통
Dolor de estómago
돌로르 데 에스또마고

치통
Dolor de muela
돌로르 데 무엘라

변비
Estreñimiento
에스뜨레니미엔또

생리통
Dolor de menstruación
돌로르 데 멘스뜨루아씨온

멀미
Náusea
나우세아

병원·약국에서

증상을 말할 때 필요한 단어

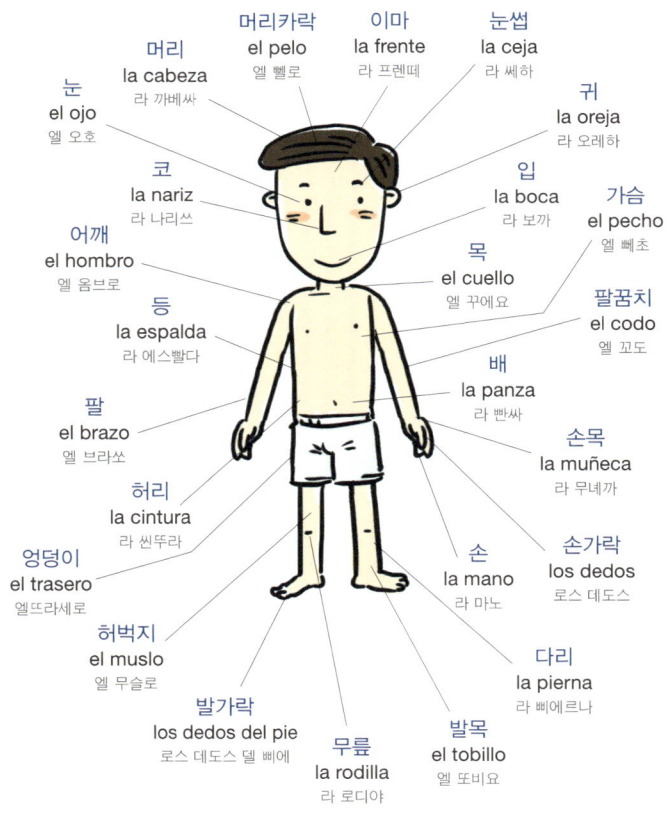

시간 · 날

몇 시예요?
¿Qué hora es?
께 오라 에스?

시간		
시간	La hora	라 오라
분	El minuto	엘 미누또
초	El segundo	엘 세군도
한 시간	Una hora	우나 오라
두 시간	Dos horas	도스 오라스
5분	Cinco minutos	씽꼬 미누또스
10분	Diez minutos	디에쓰 미누또스
30분	Treinta minutos/ media hora	뜨레인따 미누또스/ 메디아 오라
10초	Diez segundos	디에쓰 세군도스

날		
하루	El día	엘 디아
오전	La mañana	라 마냐나
오후	La tarde	라 따르데
저녁/밤	La noche	라 노체
자정	La medianoche	라 메디아노체
정오	El mediodía	엘 메디오디아
오늘	Hoy	오이
어제	Ayer	아예르
내일	Mañana	마냐나
오늘 아침	Hoy por la mañana	오이 뽀르 라 마냐나
오늘 저녁	Hoy por la noche	오이 뽀르 라 노체

월

몇 월이에요?
¿En qué mes estamos?
엔 께 메스 에스따모스?

월		
달(月)	El mes	엘 메스
1월	Enero	에네로
2월	Febrero	페브레로
3월	Marzo	마르쏘
4월	Abril	아브릴
5월	Mayo	마요
6월	Junio	후니오
7월	Julio	훌리오
8월	Agosto	아고스또
9월	Septiembre	셉띠엠브레
10월	Octubre	옥뚜브레
11월	Noviembre	노비엠브레
12월	Diciembre	디씨엠브레
이번 달	Este mes	에스떼 메스
다음 달	El Próximo mes	엘 쁘록시모 메스
지난 달	El Mes pasado	엘 메스 빠사도

일

며칠이에요?
¿Qué fecha es?
께 페차 에스?

	일				
1일	Día primero	디아 쁘리메로	6일	Día sexto	디아 섹스또
2일	Día Segundo	디아 세군도	7일	Día séptimo	디아 셉띠모
3일	Día tercero	디아 떼르쎄로	8일	Día octavo	디아 옥따보
4일	Día cuarto	디아 꾸아르또	9일	Día noveno	디아 노베노
5일	Día quinto	디아 낀또	10일	Día décimo	디아 데씨모
11일	Día once	디아 온쎄			
12일	Día doce	디아 도쎄			
13일	Día trece	디아 뜨레쎄			
14일	Día catorce	디아 까또르쎄			
15일	Día quince	디아 낀쎄			
16일	Día dieciseis	디아 디에씨세이스			
17일	Día diecisiete	디아 디에씨시에떼			
18일	Día dieciocho	디아 디에씨오초			
19일	Día diecinueve	디아 디에씨누에베			
20일	Día veinte	디아 베인떼			
21일	Día veintiuno	디아 베인떼 이 우노			
22일	Día veintidós	디아 베인떼 이 도스			
23일	Día veintitrés	디아 베인떼 이 뜨레스			
24일	Día veinticuatro	디아 베인떼 이 꾸아뜨로			
25일	Día veinticinco	디아 베인떼 이 씽꼬			
26일	Día veintiséis	디아 베인떼 이 세이스			
27일	Día veintisiete	디아 베인떼 이 시에떼			
28일	Día veintiocho	디아 베인떼 이 오초			
29일	Día veintinueve	디아 베인떼 이 누에베			
30일	Día treinta	디아 뜨레인따			
31일	Día treinta y uno	디아 뜨레인따 이 우노			

요일

무슨 요일이에요?
¿Qué día es?
께 디아 에스?

요일		
일요일	Domingo	도밍고
월요일	Lunes	루네스
화요일	Martes	마르떼스
수요일	Miércoles	미에르꼴레스
목요일	Jueves	후에베스
금요일	Viernes	비에르네스
토요일	Sábado	사바도
공휴일	Festivo	페스띠보
이번 주	Esta semana	에스따 세마나
다음 주	Próxima semana	쁘록시마 세마나
지난 주	Semana pasada	세마나 빠사다

숫자

몇 개예요?
¿Cuánto es?
꾸안또   에스?

		숫자			
0	Cero	쎄로	18	Dieciocho	디에씨오초
1	Uno	우노	19	Diecinueve	디에씨누에베
2	Dos	도스	20	Veinte	베인떼
3	Tres	뜨레스	30	Treinta	뜨레인따
4	Cuatro	꾸아뜨로	40	Cuarenta	꾸아렌따
5	Cinco	씽꼬	50	Cincuenta	씽꾸엔따
6	Seis	세이스	60	Sesenta	세센따
7	Siete	시에떼	70	Setenta	세뗀따
8	Ocho	오초	80	Ochenta	오첸따
9	Nueve	누에베	90	Noventa	노벤따
10	Diez	디에쓰	100	Cien	씨엔
11	Once	온쎄	1,000	Mil	밀
12	Doce	도쎄	10,000	Diez mil	디에쓰밀
13	Trece	뜨레쎄	100,000	Cien mil	씨엔밀
14	Catorce	까또르쎄	1,000,000	Un millón	운 미욘
15	Quince	낀쎄	1/2	Un medio	운 메디오
16	Dieciseis	디에씨세이스	1/3	Un tercio	운 떼르씨오
17	Diecisiete	디에씨시에떼	1/4	Un cuarto	운 꾸아르또

Chapter 1
기본표현

인사하기	맞장구 치는 표현
소개하기	감사 및 사과 표현
질문하기	부탁하기
대답하기	칭찬하기

Tip. 한국과 다른 문화나 에티켓

제스처

스페인에서는 악수가 인사의 기본이지만 만나거나 헤어질 때 서로 양볼에 키스하는 것이 일반화 되어 있다. 원래는 여성끼리 키스, 남성과 여성의 키스가 일반적이지만 친한 사이인 경우, 남성끼리도 양볼 키스를 많이 하는 추세이다. 스페인인들은 대화시 눈을 마주치는 것도 예의로 생각하지만 끊임없이 손짓이나 몸짓으로 대화를 이끌어 간다. 그래서 대화 진행 중에 호주머니에 손을 집어넣는 행위는 삼가야 한다.

집게손가락과 엄지손가락 끝을 합쳐 원을 만드는 손동작은 보통 ok라는 뜻으로 쓰지만, 스페인에서는 음란한 표현이기 때문에 삼가야 한다. 엄지손가락을 바로 세우는 행동도 자칫 바스크 분리주의 운동을 지지하는 의미로 여겨질 수 있으니 주의해야 한다. 남녀 모두 공식 석상에서 기지개나 하품을 하는 것은 용납되지 않는다.

시간 엄수

지연이나 늑장 부리는 것은 일종의 풍토병과 같다. 보통 약속시간보다 15~30분 후에 만나게 될 가능성이 크며 스페인에서 정시에 시작하는 것은 투우밖에 없다고 해도 지나치지 않는다.

대부분의 스페인에서는 1년에 약 한 달간의 휴가가 있다. 보통 7~8월이 휴가기간이기 때문에 이 시기와 크리스마스 그리고 부활절 기간에는 약속을 잡지 말아야 한다. 또 식사초대 시 거부되더라도 놀라지 말아야 한다. 많은 스페인인들은 점심을 집에서 식사하는 경우가 대부분이기 때문이다. 그리고 식사초대 시 한국처럼 예의상 한 번 정도 거절한다면 바로 식사초대에 응하지 않겠다는 의사로 받아들이므로 함께 식사를 하고 싶다면 바로 Sí(네)라고 대답하자.

선물 문화

스페인의 가정에 초대 받으면 초콜릿 과자나 케익류를 선물하는 것이 좋다. 꽃도 좋지만 국화꽃과 달리아꽃은 죽음을 상징하기 때문에 피해야 한다. 더욱이 불운을 상징하는 13송이는 피해야 한다. 그들은 일반적으로 선물을 받으면 즉시 풀어보고 고마운 인사나 진심으로 기쁜 표정을 나타낼 것이다. 그리고 사업상 선물은 첫만남에서는 피하는 것이 바람직하다.

연말

스페인에서 12월과 1월은 파티의 연속이다. 12월 24일 La noche buena(크리스마스 이브)를 시작으로 25일 Navidad(크리스마스), 12월 31일에는 전부 광장에 모여 1월 1일 새해 0시가 되면 모두 12알의 포도송이를 먹는다. 1년 열두 달을 의미하며 doce uvas de suerte '12개 행운의 포도'라 부른다. 그리고 1월 6일은 Día de los Reyes '동방박사의 날'이라 하여 어린 아이들에게 선물을 주는 날이기도 하다.

기본표현 인사하기

안녕하세요? (아침 / 점심 / 저녁)
Good morning. / Good afternoon. / Good evening.

잘 지내셨습니까?
How are you?

잘 지냅니다. 당신은요?
I'm fine, and you?

오랜만입니다.
Long time no see.

안녕히 주무세요.
Good night.

또 만납시다.
See you again.

안녕히 가세요.
Good bye.

Buenos días. / Buenas tardes. / Buenas noches.
부에노스 디아스 / 부에나스 따르데스 / 부에나스 노체스

¿Cómo está usted? Cómo estás?
꼬모 에스따 우스뗃? 꼬모 에스따스?

¿Estoy bien, y usted? Estoy bien, y tú?
에스또이 비엔, 이 우스뗃? 에스또이 비엔 이 뚜?

Cuánto tiempo sin vernos.
꾸안또 띠엠뽀 신 베르노스

Buenas noches.
부에나스 노체스

Hasta la próxima.
아스따 라 쁘록시마

Adiós.
아디오스

기본표현 소개하기

처음 뵙겠습니다.
How do you do?

어디에서 왔습니까?
Where are you from?

저는 한국에서 왔습니다.
I'm from Korea.

성함이 어떻게 되세요?
What's your name?

제 명함입니다.
This is my business card.

만나서 반갑습니다.
I'm glad to see you.

저야말로 만나서 반갑습니다.
I'm glad to see you, too.

Qué tal?

께 딸?

¿De dónde eres?

데 돈데 에레스?

Soy de Corea.

소이 데 꼬레아

¿Cómo te llamas?

꼬모 떼 야마스?

Ésta es mi tarjeta personal.

에스따 에스 미 따르헤따 뻬르소날

Es un placer conocerte.

에스 운 쁠라쎄르 꼬노쎄르떼

Para mí también es un placer conocerte.

빠라 미 땀비엔 에스 운 쁠라쎄르 꼬노쎄르떼

기본표현 질문하기

저기…….
Excuse me.

여기가 어디입니까?
Where am I?

이것은 무엇입니까?
What is this?

지금 몇 시입니까?
What time is it now?

뭐라고 말했습니까?
What did you say?

이것은 무엇에 쓰는 것입니까?
What's this for?

이것은 어디서 살 수 있습니까?
Where can I buy that?

Disculpe...
디스꿀뻬…

¿Dónde estoy?
돈데 에스또이?

¿Qué es esto?
께 에스 에스또?

¿Qué hora es?
께 오라 에스?

¿Qué ha dicho?
께 아 디초?

¿Para qué sirve esto?
빠라 께 시르베 에스또?

¿Dónde puedo comprar esto?
돈데 뿌에도 꼼쁘라르 에스또?

기본표현 대답하기

예. / 아니요.
Yes. / No.

예, 그렇습니다.
Yes, it is.

아니요, 그렇지 않습니다.
No, it isn't.

알겠습니다.
I see.

잘 모르겠습니다.
I don't know.

괜찮습니다.
No, thank you.

예, 고마워요.
Yes, thank you.

Sí. / No.
시 / 노

Sí, eso es.
시, 에소 에스

No, no es así.
노, 노 에스 아시

De acuerdo.
데 아꾸에르도

No lo sé.
노 로 세

No, gracias.
노, 그라시아스

Sí, gracias.
시, 그라시아스

기본표현 맞장구 치는 표현

그렇군요.
Let me see.

역시.
I thought so.

아, 그래요?
Is that so?

정말입니까?
Really?

나도 그렇게 생각합니다.
I think so, too.

설마.
You don´t say!

그렇고 말고.
Indeed.

Ya veo.
야 베오

Claro.
끌라로

Ah sí?
아 시?

¿De verdad?
데 베르닫?

Yo también lo creo.
요 땀비엔 로 끄레오

¡No me digas!
노 메 디가스!

Seguro.
세구로

기본표현 감사 및 사과 표현

대단히 감사합니다.
Thank you so much.

친절하게 대해 주셔서 고맙습니다.
I really appreciate your kindness.

저야말로.
It's my pleasure.

미안합니다.
I'm sorry.

정말 죄송합니다.
I am really very sorry.

용서해 주세요.
Please forgive me.

천만에요.
You're welcome.

Muchas gracias.
무차스 그라씨아스

Muchas gracias por su amabilidad.
무차스 그라씨아스 뽀르 수 아마빌리닫

El placer es mío.
엘 쁠라쎄르 에스 미오

Lo siento.
로 시엔또

Lo siento mucho, de verdad.
로 시엔또 무초, 데 베르닫

Por favor, perdóname.
뽀르 파보르, 뻬르도나메

De nada.
데 나다

기본표현 부탁하기

실례합니다. 물어보고 싶은 게 있는데요.
Excuse me. I would like to ask you something.

부탁해도 될까요?
Could you do me a favor?

도와주시겠습니까?
Could you help me?

잠깐만 기다려 주세요.
Please wait a moment.

한 번 더 말해 주세요.
Could you repeat that once more?

좀더 천천히 말해 주세요.
Could you speak more slowly, please?

이 전화기 사용방법을 알려 주시겠어요?
Could you tell me how to use this telephone?

Disculpe, tengo una pregunta.

디스꿀뻬, 뗑고 우나 쁘레군따

¿Me puedes hacer un favor?

메 뿌에데스 아쎄르 운 파보르?

¿Me puedes ayudar?

메 뿌에데스 아유다르?

Un momentito, por favor.

운 모멘띠또, 뽀르 파보르

Me puede repetir otra vez, por favor?

에뿌에데레뻬띠르 오뜨라 베쓰, 뽀르 파보르?

Hábleme más despacio

아블레메 마스 데스빠씨오

¿Me puede decir cómo se usa este teléfono, por favor?

메 뿌에데 데씨르 꼬모 세 우사 에스떼 뗄레포노, 뽀르 파보르?

기본표현 칭찬하기

잘하시네요.
Good job.

굉장하네요.
That's great.

참 친절하시네요.
You are very kind.

아름답네요.
So beautiful.

예쁘네요.
Good looking.

귀엽군요.
So cute.

좋은 생각이네요.
Good idea.

Lo haces muy bien.

로 아쎄스 무이 비엔

Maravilloso.

마라비요소

Eres muy amable.

에레스 무이 아마블레

Qué bonito.

께 보니또

Qué guapa.

께 구아빠

Qué mono.

께 모노

Buena idea.

부에나 이데아

Chapter 2 기내

좌석 찾기

식사와 음료 서비스 받기

기타 서비스 요청하기

간단한 의료 서비스 받기

입국신고서 작성하기

기내 좌석 찾기

제 좌석은 어디입니까?
Where is my seat?

좌석으로 안내해 드릴까요?
Shall I guide you to your seat?

탑승권을 보여 주십시오.
Please show me your boarding pass.

좀 지나가도 될까요?
May I go through?

가방 선반에 넣어 주세요.
Please put a bag in the overhead compartment.

자리를 바꿔도 될까요?
May I change my seat?

출발은 언제인가요?
What is the estimated time of departure?

¿Dónde está mi asiento?
돈데 에스따 미 아시엔또?

¿Le acompaño a su asiento?
레 아꼼빠뇨 아 수 아시엔또?

Por favor, muéstreme su tarjeta de embarque.
뽀르 파보르, 무에스뜨레메 수 따르헤따 데 엠바르께

¿Puedo pasar?
뿌에도 빠사르?

Por favor, ponga su equipaje en el compartimiento de encima de su asiento.
뽀르 파보르, 뽕가 수 에끼빠헤 엔 엘 꼼빠르띠미엔또 데 엔씨마 데 수 아시엔또

¿Puedo cambiar mi asiento?
뿌에도 깜비아르 미 아시엔또?

¿Cuál es la hora estimada de salida?
꾸알 에스 라 오라 에스띠마다 데 살리다?

기내 식사와 음료 서비스 받기

식사는 언제 나옵니까?
What time do you serve the meal?

마실 것 좀 주시겠어요?
Can I have something to drink?

어떤 것이 있습니까?
What kind of do you have?

음료는 뭘로 하시겠습니까?
What would you like to drink?

커피 부탁해요.
Coffee, please.

식사는 필요없습니다.
I don't need a meal.

나중에 먹어도 될까요?
May I have it later?

¿A qué hora sirven la comida?

아 께 오라 시르벤 라 꼬미다?

¿Puede darme algo de beber?

뿌에데 다르메 알고 데 베베르?

¿De qué tipo tiene?

데 께 띠뽀 띠에네?

¿Qué quiere beber?

께 끼에레 베베르?

Café, por favor.

까페, 뽀르 파보르

No necesito comer.

노 네쎄시또 꼬메르

¿Puedo comer más tarde?

뿌에도 꼬메르 마스 따르데?

기내 기타 서비스 요청하기

한국 신문을 주세요.
Can I have a Korean newspaper?

기내면세품을 사고 싶은데요.
I would like to buy duty-free items.

불은 어떻게 끕니까?
How do I turn off the light?

이거 고장인 거 같은데요.
It seems to be broken.

이어폰이 안 들려요.
These earphones are not working.

좌석이 작동하지 않습니다.
This seat doesn't operate.

모포를 주시겠어요?
May I have a blanket?

¿Tiene un periódico coreano?

띠에네 운 뻬리오디꼬 꼬레아노?

Queiro comprar en la tienda duty free.

끼에로 꼼쁘라르 엔 라 띠엔다 듀티 프리

¿Cómo se apaga la luz?

꼬모 세 아빠가 라 루쓰?

Parece que no funciona.

빠레쎄 께 노 푼씨오나

Estos auriculares no funcionan.

에스또스 아우리꿀라레스 노 푼씨오난

Este asiento no funciona bien.

에스떼 아시엔또 노 푼씨오나 비엔

¿Me puede dar una manta?

메 뿌에데 다르 우나 만따?

기내 — 간단한 의료 서비스 받기

속이 좋지 않습니다.
I'm not feeling well.

숨쉬기가 곤란해요.
I have trouble breathing.

열이 있습니다.
I have a fever.

몸 상태가 좋지 않습니다.
I feel sick.

멀미약은 있습니까?
Do you have medicine for air-sickness?

두통이 있습니다.
I have a headache.

좀 눕고 싶은데요.
I want to lie down.

No me encuentro bien.
노 메 엔꾸엔뜨로 비엔

Me cuesta respirar.
메 꾸에스따 레스삐라르

Tengo fiebre.
뗑고 피에브레

Me encuentro mal.
메 엔꾸엔뜨로 말

¿Tiene algo para el mareo?
띠에네 알고 빠라 엘 마레오?

Tengo dolor de cabeza.
뗑고 돌로르 데 까베싸

Quiero estirarme.
끼에로 에스띠라르메

기내 입국신고서 작성하기

입국카드는 작성하셨습니까?
Did you fill out an immigration form?

이것이 입국카드입니까?
Is this the immigration form?

입국카드 한 장 주세요.
Can I have an immigration form?

쓰는 법을 좀 가르쳐 주시겠습니까?
Can you show me how to fill out this form?

펜을 빌려 주시겠습니까?
Could you lend me a pen?

영어로 써도 됩니까?
Can I write it in English?

이것으로 됐습니까?
Is it O.K?

¿Ha rellenado el formulario de inmigración?
아 레예나도 엘 포르물라리오 데 인미그라씨온?

¿Esto es el formulario de inmigración?
에스또 에스 엘 포르물라리오 데 인미그라씨온?

¿Me puede dar un formulario de inmigración?
메 뿌에데 다르 운 포르물라리오 에 인미그라씨온?

¿Me puede enseñar a rellenar este formulario?
메 뿌에데 엔세냐르 아 레예나르 에스떼 포르물라리오?

¿Me puede prestar un bolígrafo?
메 뿌에데 쁘레스따르 운 볼리그라포?

¿Puedo escribirlo en inglés?
뿌에도 에스끄리비를로 엔 잉글레스?

¿Esto está bien?
에스또 에스따 비엔?

Chapter 3 공항

입국 심사 받기

짐 찾기

세관 검사 받기

환전 서비스 이용하기

공항 교통 이용하기

공항 · 입국 심사 받기

입국 심사는 어디서 합니까?
Where is the entry examination?

여권을 보여 주십시오.
Your passport, please.

입국카드를 보여 주세요.
Please show me your immigration form.

입국 목적은 무엇입니까?
What's the purpose of your visit?

여행입니다.
Travelling.

며칠 간 머무를 예정입니까?
How long will you be staying here?

어디에서 숙박하실 예정입니까?
Where are you going to stay?

¿Dónde está la entrada de inspección?

돈데 에스따 라 엔뜨라다 데 인스뻭씨온?

Su pasaporte, por favor.

수 빠사뽀르떼 뽀르 파보르

Muéstreme su formulario de inmigración.

무에스뜨레메 수 포르물라리오 데 인미그라씨온

¿Cuál es el propósito de su visita?

꾸알 에스 엘 쁘로뽀시또 데 수 비시따?

Viajar.

비아하르

¿Cuánto tiempo se va a quedar?

꾸안또 띠엠뽀 세 바 아 께다르?

¿Dónde se va a quedar?

돈데 세 바 아 께다르?

공항 — 짐 찾기

짐은 어디에서 찾습니까?
Where can I get my baggage?

타고 오신 항공편은 무엇입니까?
On what flight did you arrive?

KAL747편입니다.
KAL747.

제 짐을 잃어버렸습니다.
My baggage is missing.

제 짐이 안 나왔는데요.
My baggage hasn't arrived.

가방이 망가졌어요.
My suitcase has been broken.

이것이 수화물인환증입니다.
Here is my claim tag.

¿Dónde puedo recoger mi equipaje?

돈데 뿌에도 레꼬헤르 미 에끼빠헤?

¿En qué vuelo ha llegado?

엔 께 부엘로 아 예가도?

Vuelo KAL747.

부엘로 까 아 엘레 시에떼 꾸아뜨로 시에떼

He perdido mi equipaje.

에 뻬르디도 미 에끼빠헤

Mi equipaje no ha llegado.

미 에끼빠헤 노 아 예가도

Mi maleta está rota.

미 말레따 에스따 로따

Esta es la identificación de mi equipaje.

에스따 에스 라 이덴띠피까씨온 데 미 에끼빠헤

공항 — 세관 검사 받기

짐은 이게 전부입니까?
Is this all you have?

신고할 물건은 없습니까?
Do you have anything to declare?

아니요, 없습니다.
No, nothing.

가방을 열어 주시겠어요?
Would you open this bag?

이것은 무엇입니까?
What's this?

친구에게 줄 선물입니다.
Gifts for my friends.

이것은 가지고 들어가실 수 없습니다.
You are not allowed to bring this.

¿Es esto todo lo que tiene?
에스 에스또 또도 로 께 띠에네?

¿Tiene algo para declarar?
띠에네 알고 빠라 데끌라라르?

No, nada.
노, 나다

¿Puede abrir esta bolsa?
뿌에데 아브리르 에스따 볼사?

¿Qué es esto?
께 에스 에스또?

Regalos para mis amigos.
레갈로스 빠라 미스 아미고스

No puede llevar esto.
노 뿌에데 예바르 에스또

공항 — 환전 서비스 이용하기

환전소는 어디입니까?
Where is the money exchange counter?

환율이 어떻게 됩니까?
What's the exchange rate?

유로로 환전해 주세요.
Could you exchange this into Euro?

잔돈을 섞어 주세요.
Can I have some small change?

수수료는 얼마입니까?
How much is the handling fee?

여권은 가지고 왔습니까?
Did you bring your passport?

여기에 서명해 주십시오.
Sign your name here, please.

¿Dónde está el mostrador de cambio de moneda?
돈데 에스따 엘 모스뜨라도르 데 깜비오 데 모네다?

¿Cómo está el cambio?
꼬모 에스따 엘 깜비오?

¿Puede cambiarme esto a euros?
뿌에데 깜비아르메 에스또 아 에우로스?

¿Me puede dar algo de cambio pequeño?
메 뿌에데 다르 알고 데 깜비오 뻬께뇨?

¿Cuánto es la comisión?
꾸안또 에스 라 꼬미시온?

¿Lleva su pasaporte?
예바 수 빠사뽀르떼?

Firme aquí, por favor.
피르메 아끼, 뽀르 파보르

공항 | 공항 교통 이용하기

사그라다 파밀리아까지 어떻게 가면 되죠?
How do I go to the Sagrada Familia?

지하철은 어디에서 탑니까?
Where do you take the subway?

표는 어디에서 삽니까?
Where can I buy a ticket?

시간은 얼마나 걸립니까?
How long does it take?

관광안내소는 어디입니까?
Where is the tourist information?

시내로 가는 가장 싼 교통수단은 무엇입니까?
What's the cheapest way downtown?

시내로 가는 가장 빠른 교통수단은 무엇입니까?
What's the fastest way downtown?

¿Cómo se va a La Sagrada Familia?
꼬모 세 바 아 라 사그라다 파밀리아?

¿Dónde se coje el metro?
돈데 세 꼬헤 엘 메뜨로?

¿Dónde se compra el billete?
돈데 세 꼼쁘라 엘 비예떼?

¿Cuánto se tarda?
꾸안또 세 따르다?

¿Dónde está la oficina de información turística?
돈데 에스따 라 오피시나 데 인포르마씨온 뚜리스띠까?

¿Cuál es la forma más barata de ir al centro?
꾸알 에스 라 포르마 마스 바라따 데 이르 알 쎈뜨로?

¿Cuál es la forma más rápida de ir al centro?
꾸알 에스 라 포르마 마스 라삐다 데 이르 알 쎈뜨로?

Chapter 4 호텔

체크인 (예약을 안 한 경우)
체크인 (예약을 한 경우)
룸서비스 이용하기
호텔 프런트에 문의하기
호텔에서 문제 해결하기
체크아웃

Tip. 스페인의 숙박 시설

Hotel 오뗄(H)

대표적인 숙박 시설로 등급은 별 1개에서 5개까지이며, 별의 수가 많을수록 고급에 속하고 숙박료도 비싸진다. 별 2개 이상이면 샤워실이나 화장실 설비는 기본이고, 별 3개 이상이면 오뗄에 따라 욕조가 있기도 하다. 또한 별 3개 이상이라면 아침 식사를 제공하는 곳이 대부분이다.

Hostal 오스딸(Hs)

오뗄 다음으로 대중적인 것으로 건물의 일부나 1층만을 숙박 시설로 활용하여 객실수가 10~15실 정도로 규모가 작은 곳이 많다. 오스딸의 등급은 별 1개에서 3개까지이며 설비나 규모 면에서는 오뗄보다 격이 떨어지지만 일반적으로는 별 1개의 오뗄보다는 별 3개의 오스딸이 등급이 위이다.

Pensión 뻰시온(P)

우리나라의 펜션이나 민박처럼 가족이 주로 경영한다. 객실수도 적고 일류 오뗄과 같은 서비스를 기대할 수 없지만, 가족적인 분위기를 좋아하는 사람이라면 안성맞춤인 숙소이다. 등급은 별 1개에서 3개까지로 나뉘는데 욕실과 화장실은 주인 가족과 함께 쓰는 곳이 많다.

유스호스텔

요금은 오스딸이나 뻰시온과 비슷한 수준이며 출입 제한 시간 등 여러 가지 불편한 점이 있지만 세계 각국에서 여행 온 젊은이들과 만나고 서로 정보 교환을 할 수 있다는 것이 장점이다.

호텔 — 체크인 (예약을 안 한 경우)

실례하지만, 빈방 있습니까?
Excuse me, do you have a room?

어떤 방으로 하시겠습니까?
What kind of room would you like?

싱글룸으로 부탁합니다.
I'd like a single room.

하룻밤에 얼마입니까?
How much is it a night?

아침 식사는 포함되어 있습니까?
Is breakfast included?

며칠 간 묵으실 겁니까?
How long are you staying?

죄송합니다만, 빈방이 없습니다.
I'm sorry, the rooms are full.

¿Disculpe, tiene una habitación?
디스꿀뻬, 띠에네 우나 아비따씨온?

¿Qué tipo de habitación quiere?
께 띠뽀 데 아비따씨온 끼에레?

Deme una habitación individual.
데메 우나 아비따씨온 인디비두알

¿Cuánto cuesta la noche?
꾸안또 꾸에스따 라 노체?

¿El desayuno está incluido?
엘 데사이우노 에스따 인끌루이도?

¿Cuántos días se quedará?
꾸안또스 디아스 세 께다라?

Lo siento, no tenemos habitaciones vacías.
로 시엔또, 노 떼네모스 아비따씨오네스 바시아스

호텔

체크인 (예약을 한 경우)

체크인을 부탁합니다.
I'd like to check in, please.

예약하셨습니까?
Do you have a reservation?

성함이 어떻게 되십니까?
May I have your name?

숙박카드를 작성해 주십시오.
Could you fill out the registration form, please?

늦게 도착할 것 같습니다.
I think I will arrive a little late.

예약 취소하지 말아 주세요.
Please don't cancel my reservation.

방까지 짐을 옮겨 주시겠어요?
Could you bring my baggage?

Me gustaría alojarme, por favor.

메 구스따리아 알로하르메, 뽀르 파보르

¿Tiene reserva?

띠에네 레세르바

¿Me dice su nombre?

메 디쎄 수 놈브레?

¿Puede rellenar el formulario de entrada, por favor?

뿌에데 레예나르 엘 포르물라리오 데 엔뜨라다, 뽀르 파보르?

Creo que llegaré tarde.

끄레오 께 예가레 따르데

Por favor, no cancele mi reserva.

뽀르 파보르, 노 깐쎌레 미 레세르바

¿Puede llevar mi equipaje?

뿌에데 예바르 미 에끼빠헤?

호텔 — 룸서비스 이용하기

룸서비스입니까?
Room service?

룸서비스 부탁합니다.
Room service, please.

식사를 가져다 주세요.
Please bring me something to eat.

모닝콜을 부탁하고 싶은데요.
I'd like to get a wake-up call.

세탁 서비스가 가능합니까?
Do you have a laundry service?

룸서비스는 몇 시까지입니까?
What time does room service stop serving?

이건 팁입니다.
Here's your tip.

¿Servicio de habitaciones?
세르비씨오 데 아비따씨오네스?

Servicio de habitaciones, por favor.
세르비씨오 데 아비따씨오네스, 뽀르 파보르

Por favor, tráigame algo de comer.
뽀르 파보르, 뜨라이가메 알고 데 꼬메르

Quiero que me llamen para despertarme.
끼에로 께 메 야멘 빠라 데스뻬르따르메

Tienen servicio de lavandería?
띠에넨 세르비씨오 데 라반데리아?

¿A qué hora termina el servicio de habitaciones?
아 께 오라 떼르미나 엘 세르비씨오 데 아비따씨오네스?

Aquí tiene su propina.
아끼 띠에네 수 프로피나

호텔 | 호텔 프런트에 문의하기

한국어가 가능한 사람이 있습니까?
Does anyone here speak Korean?

아침식사는 어디에서 합니까?
Where do you serve breakfast?

팩스를 보낼 수 있습니까?
Can I send a FAX?

인터넷을 사용하고 싶습니다만.
I'd like to use the internet.

여기에 귀중품을 맡길 수 있습니까?
Can valuables be left here?

숙박을 연장하고 싶은데요.
I'd like to extend my stay here.

셔틀버스는 몇 시부터 있습니까?
From what time is there a shuttle bus?

¿Alguien habla coreano?

알기엔 아블라 꼬레아노?

¿Dónde sirven el desayuno?

돈데 시르벤 엘 데사이우노?

¿Puedo enviar un fax?

뿌에도 엔비아르 운 팍스?

Me gustaría usar internet.

메 구스따리아 우사르 인떼르넷

¿Puedo dejar mis cosas de valor aquí?

뿌에도 데하르 미스 꼬사스 데 발로르 아끼?

Me gustaría alargar mi estancia.

메 구스따리아 알라르가르 미 에스딴씨아

¿A partir de qué hora hay bus lanzadera?

아 빠르띠르 데 께 오라 아이 부스 란싸데라?

호텔 — 호텔에서 문제 해결하기

방에 열쇠를 두고 나왔습니다.
I left the key in my room.

옆방이 너무 시끄러워서 잠을 잘 수가 없습니다.
The room next door is very noisy, so I can't sleep.

에어컨이 작동되지 않습니다.
The air conditiong doesn't work.

방이 더워요.
This room is too hot.

온수가 안 나와요.
The hot water is not running.

화장실이 막혔어요.
The toilet is clogged.

의사 좀 불러 주세요.
Please call a doctor.

He dejado la llave en mi habitación.
에 데하도 라 야베 엔 미 아비따씨온

La habitación de al lado es muy ruidosa y no puedo dormir.
라 아비따씨온 데 알 라도 에스 무이 루이도사 이 노 뿌에도 도르미르

El aire acondicionado no funciona.
엘 아이레 아꼰디씨오나도 노 푼씨오나

La habitación es demasiado calurosa.
라 아비따씨온 에스 데마시아도 깔루로사

El agua caliente no funciona.
엘 아구아 깔리엔떼 노 푼씨오나

El lavabo está atascado.
엘 라바보 에스따 아따스까도

Por favor, llame a un doctor.
뽀르 파보르, 야메 아 운 독또르

호텔 체크아웃

체크아웃 하겠습니다.
I'm checking out.

이 청구건을 설명해 주시겠습니까?
Could you explain this charge to me?

지불은 어떻게 하시겠습니까?
How will you pay?

카드로 계산할 수 있습니까?
Can I pay by credit card?

영수증을 주세요.
Can I have a receipt?

3시까지 이 짐을 맡아주시겠습니까?
Could you keep this baggage until three o'clock?

택시 좀 불러 주세요.
Could you get me a taxi, please?

Voy a hacer el check out.
보이 아 아쎄르 엘 체크 아웃

¿Me puede explicar qué es ese cargo?
메 뿌에데 엑스쁠리까르 께 에스 에세 까르고?

Cómo lo pagará?
꼬모 로 빠가라?

¿Puedo pagar con tarjeta de crédito?
뿌에도 빠가르 꼰 따르헤따 데 끄레디또?

Me puede dar el recibo?
메 뿌에데 다르 엘 레시보?

¿Puede guardar este equipaje hasta las 3?
뿌에데 구아르다르 에스떼 에끼빠헤 아스따 라스 뜨레스?

¿Me puede pedir un taxi?
메 뿌에데 뻬디르 운 딱시?

Chapter 5 식당

예약하기	패스트푸드 주문하기
식당찾기	카페에서 주문하기
메뉴 고르기	술집에서 주문하기
주문하기	식당에서 문제 해결하기
식사하기	계산하기

Tip. 스페인 음식

스페인의 다양한 요리

빠에야
스페인의 전통 음식으로 쌀과 각종 해산물 또는 육류 등을 넣고 샤프란을 첨가해 맛을 내는 해물쌀요리. 원래 발렌시아 지방의 요리였지만 지금은 스페인 전역에서 맛볼 수 있다.

상그리아
'상그레(피)'라는 뜻에서 유래되었고, 붉은 와인에 진이나 브랜디, 위스키 등 여러 가지 술을 섞어서 오렌지 같은 과일을 넣어 만드는 와인 칵테일이다.

츄러스와 핫초콜릿
츄러스는 밀가루 반죽에 버터를 섞어 올리브유에 튀긴 요리로 진한 핫초콜릿에 찍어 먹는다.

하몬

돼지의 뒷다리를 소금간하여 그늘에 말리거나 훈연한 음식으로 얇게 썰어서 샌드위치에 넣어 먹거나 그냥 먹는다.

또르띠야

스페인의 대표적인 음식 중 하나로 계란 오믈렛 안에 튀긴 감자와 양파가 들어있어 향을 풍부하게 한다. 지역에 따라 재료는 달라지며 햄이나 버섯, 콩을 넣기도 한다.

식당 — 예약하기

예약을 하고 싶습니다.
I'd like to make a reservation.

전화로 예약했습니다만, 확인 부탁합니다.
I have made a reservation by telephone. I would like a confirmation, please.

몇 분입니까?
For how many, sir?

시간은 몇 시쯤으로 하시겠습니까?
Around what time can you come?

금연석이 좋은데요.
I'd like a non-smoking table.

예약을 취소하고 싶습니다.
Can the reservation be canceled?

거기는 어떻게 갑니까?
How do I get there?

Quiero hacer una reserva.
끼에로 아쎄르 우나 레세르바

Hice una reserva por teléfono. Quisiera confirmarla, por favor.
이쎄 우나 레세르바 뽀르 뗄레포노. 끼시에라 꼰피르마를라, 뽀르 파보르

¿Para cuántas personas?
빠라 꾸안따스 뻬르소나스?

¿Sobre qué hora va a venir?
소브레 께 오라 바 아 베니르?

Quisiera una mesa para no fumadores.
끼시에라 우나 메사 빠라 노 푸마도레스

¿Puedo cancelar la reserva?
뿌에도 깐쎌라르 라 레세르바?

¿Cómo se va hasta allí?
꼬모 세 바 아스따 아이?

식당 — 식당 찾기

이 근처에 맛있는 가게가 있습니까?
Are there any good restaurants near by?

여기에서는 간단한 식사가 됩니까?
Do you serve light meals here?

6명이 들어갈 수 있어요?
Do you have place for six?

죄송합니다만, 지금 만석입니다.
I'm sorry, but we are full now.

얼마나 기다려요?
How long do I have to wait?

자리가 빌 때까지 기다릴게요.
I will wait until a table becomes available.

합석하셔도 됩니까?
Is a shared table also OK with you?

¿Hay algun buen restaurante por aquí cerca?
아이 알군 부엔 레스따우란떼 뽀르 아끼 쎄르까?

¿Sirven comidas ligeras aquí?
시르벤 꼬미다스 리헤라스 아끼?

¿Tienen sitio para seis?
띠에넨 시띠오 빠라 세이스?

Lo siento, pero estamos llenos ahora.
로 시엔또, 뻬로 에스따모스 예노스 아오라

¿Cuánto tengo que esperar?
꾸안또 뗑고 께 에스뻬라르?

Esperaré hasta que haya una mesa libre.
에스뻬라레 아스따 께 아야 우나 메사 리브레

¿Le importa si es una mesa compartida?
레 임뽀르따 시 에스 우나 메사 꼼빠르띠다?

식당 — 메뉴 고르기

메뉴를 보여 주세요.
The menu, please.

한국어 메뉴가 있습니까?
Do you have a Korean menu?

추천요리는 무엇입니까?
What do you recommend?

가장 빨리 되는 요리는 뭐가 있죠?
Which is the fastest dish?

이건 어떤 요리죠?
What kind of dish is this?

이것과 저것은 뭐가 다르죠?
How are these two dishes different from each other?

둘이서 넉넉히 먹을 수 있는 양입니까?
Is this dish enough for two?

La carta, por favor.
라 까르따, 뽀르 파보르

¿Tiene la carta en coreano?
띠에네 라 까르따 엔 꼬레아노?

¿Qué me recomienda?
께 메 레꼬미엔다?

¿Cuál es el plato más rápido en salir?
꾸알 에스 엘 쁠라또 마스 라삐도 엔 살리르?

¿Qué tipo de plato es este?
께 띠뽀 데 쁠라또 에스 에스떼?

¿Qué diferencia hay entre estos dos platos?
께 디페렌시아 아이 엔뜨레 에스또스 도스 쁠라또스?

¿Este plato es suficiente para los dos?
에스떼 쁠라또 에스 수피씨엔떼 빠라 로스 도스?

식당 주문하기

주문해도 됩니까?
Could you take my order?

아직 결정하지 못했습니다.
I haven't decided yet.

(옆테이블을 가리키며)저것과 같은 것으로 주세요.
I would like the same, please.

(메뉴판을 가리키며)이것 주세요.
I would like this, please.

주문을 바꿔도 되겠습니까?
Could I change my order?

더 필요한 것은 없습니까?
Is there something else you need?

디저트는 나중에 주문하겠습니다.
I will order dessert later.

¿Puedo pedir?
뿌에도 뻬디르?

Todavía no he decidido.
또다비아 노 에 데씨디도

Yo quiero lo mismo.
요 끼에로 로 미스모

Quiero esto, por favor.
끼에로 에스또, 보르 파보르

¿Puedo cambiar mi pedido?
뿌에도 깜비아르 미 뻬디도?

¿Necesitan algo más?
네쎄시딴 알고 마스?

Pediré el postre más tarde.
뻬디레 엘 뽀스뜨레 마스 따르데

식당 — 식사하기

오래 기다리셨습니다.
I am sorry that you had to wait.

맛있게 드십시오.
Enjoy your meal.

먹는 법을 알려 주세요.
Please tell me how to eat this.

개인 접시를 주시겠습니까?
Can I have a separate plate?

접시들 좀 치워 주시겠습니까?
Take this away, please.

아직 먹고 있으니까 치우지 말아 주세요.
I'm still eating, please don't take it away.

더 주시겠어요?
Could I have some more?

Siento que hayan tenido que esperar.
시엔또 께 아얀 떼니도 께 에스뻬라르

Buen provecho.
부엔 쁘로베초

Por favor, explíqueme cómo se come esto.
뽀르 파보르, 엑스쁠리께메 꼬모 세 꼬메 에스또

¿Me puede traer un plato aparte?
메 뿌에데 뜨라에르 운 쁠라또 아빠르떼?

¿Puede retirar esto, por favor?
뿌에데 레띠라르 에스또, 뽀르 파보르?

Todavía estoy comiendo, no se lo lleve por favor.
또다비아 에스또이 꼬미엔도, 노 세 로 예베 뽀르 파보르

¿Me puede servir un poco más?
메 뿌에데 세르비르 운 뽀꼬 마스?

식당 — 패스트푸드 주문하기

어서오세요. 여기서 도와 드리겠습니다.
Hello. I will take your order over here.

햄버거 주세요.
A hamburger, please.

쿠폰을 가지고 있습니다.
I have a coupon.

여기서 드시겠습니까?
Are you eating here?

포장해 주세요.
Take out, please.

케첩과 머스터드를 넣어 주세요.
Please give me ketchup and mustard with that.

여기서 먹겠습니다.
I will eat here.

Hola. Le voy a tomar nota por aquí.
올라. 레 보이 아 또마르 노따 뽀르 아끼

Una hamburguesa, por favor.
우나 암부르게사, 뽀르 파보르

Tengo un cupón.
뗑고 운 꾸뽄

¿Va a comer aquí?
바 아 꼬메르 아끼?

Para llevar, por favor.
빠라 예바르, 뽀르 파보르

Por favor, deme ketchup y mostaza con esto.
뽀르 파보르, 데메 껫춥 이 모스따싸 꼰 에스또

Comeré aquí.
꼬메레 아끼

식당 — 카페에서 주문하기

아이스커피를 부탁합니다.
Ice coffee, please.

설탕과 밀크는 필요합니까?
Do you need sugar and milk?

시럽은 넣습니까?
Did you put syrup in?

커피 더 줄 수 있나요?
Could I have more coffee, please?

콜라 대신 커피로 할 수 있을까요?
Could I have coffee instead of coke?

아이가 마시는 주스는 있어요?
Do you have children's juice?

뜨거운 거랑 차가운 것 어떤 것으로 하겠습니까?
Would you like that hot or cold?

Café con hielo, por favor.
까페 꼰 이엘로, 뽀르 파보르

¿Necesita azúcar y leche?
네쎄시따 아쑤까르 이 레체?

¿Has puesto sirope?
아스 뿌에스또 시로뻬?

¿Me da más café, por favor?
메 다 마스 까페, 뽀르 파보르?

¿Puede traerme café en vez de coca cola?
뿌에데 뜨라에르메 까페 엔 베스 데 꼬까 꼴라?

¿Tiene zumo para niños?
띠에네 쑤모 빠라 니뇨스?

¿Lo quiere frío o caliente?
로 끼에레 프리오 오 깔리엔떼?

식당 — 술집에서 주문하기

생맥주 주세요.
Could I have draft beer?

맥주가 별로 차갑지 않습니다.
The beer isn't very cold.

무슨 맥주가 있습니까?
What kind of beer do you have?

안주는 무엇으로 하겠습니까?
What will you take for appetizer?

소세지 주세요.
Could I have sausage?

알코올이 들어가지 않은 것 있습니까?
Is there something non-alcoholic?

한 병 더 주세요.
Could I have another bottle?

¿Tiene cerveza de barril?
띠에네 쎄르베싸 데 바르릴?

La cerveza no está muy fría.
라 쎄르베싸 노 에스따 무이 프리아

¿Qué tipos de cerveza tienen?
께 띠뽀스 데 쎄르베싸 띠에넨?

¿Qué quiere de aperitivo?
께 끼에레 데 아뻬리띠보?

¿Me puede dar salchicha?
메 뿌에데 다르 살치차?

¿Hay algo sin alcohol?
아이 알고 신 알꼴?

¿Me da otra botella?
메 다 오뜨라 보떼야?

식당 | 식당에서 문제 해결하기

아직 안 됐나요?
Is it not ready yet?

꽤 오래전에 주문했습니다만.
I ordered a long time ago.

제가 주문한 게 아닌데요.
I didn't order this.

좀더 구워 주시겠습니까?
Could you roast this some more?

바꿔 주시겠습니까?
Could you change this?

스프가 식었는데 데워 주시겠어요?
The soup is cold, could you heat it up again?

음식에 이상한 것이 들어 있어요.
There is something strange in my food.

¿Todavía no está listo?
또다비아 노 에스따 리스또?

He pedido hace mucho rato.
에 뻬디도 아쎄 무초 라또

Yo no pedí esto.
요 노 뻬디 에스또

¿Puede cocinar esto un poco más?
뿌에데 꼬씨나르 에스또 운 뽀꼬 마스?

¿Puede cambiar esto?
뿌에데 깜비아르 에스또?

¿La sopa está fría, la puede calentar?
라 소빠 에스따 프리아, 라 뿌에데 깔렌따르?

Hay algo raro en la comida.
아이 알고 라로 엔 라 꼬미다

식당 계산하기

계산해 주세요.
The bill please.

전부 얼마입니까?
What is the total?

각자 부담해요.
I'll split the bill.

내가 낼 것은 얼마예요?
How much do I have to pay?

내가 살게요.
I'll invite you.

신용카드는 됩니까?
Do you take creditcards?

계산이 틀린 것 같습니다.
The calculation seems wrong.

La cuenta por favor.
라 꾸엔따 뽀르 파보르

Cuánto es el total?
꾸안또 에스 엘 또딸?

Pagaremos por separado.
빠가레모스 뽀르 세빠라도

¿Cuánto tengo que pagar?
꾸안또 뗑고 께 빠가르?

Te invito.
떼 인비또

¿Aceptan tarjeta de crédito?
아쎕딴 따르헤따 데 끄레디또?

Me parece que está mal calculado.
메 빠레쎄 께 에스따 말 깔꿀라도

Chapter 6 교통

버스 이용하기
전철 · 지하철 이용하기
택시 이용하기
열차 이용하기
렌터카 이용하기

교통 — 버스 이용하기

실례합니다만, 버스정류장은 어디입니까?
Excuse me, but where is the bus stop?

솔 광장에 가고 싶은데, 몇 번 버스를 타면 됩니까?
I'd like to go to the Puerta del Sol, which bus should I take?

요금이 얼마죠?
How much is the fare?

요금은 언제 냅니까?
When do I have to pay?

여기서 내려요.
I'll get off here.

도착하면 알려 주세요.
Please tell me when we are there.

갈아타야 합니까?
Do I have to change trains?

¿Disculpe, dónde está la parada de bus?
디스꿀뻬, 돈데 에스따 라 빠라다 데 부스?

¿Quiero ir a la Plaza del Sol, qué bus tengo que coger?
끼에로 이르 아 라 쁠라싸 델 솔, 께 부스 뗑고 께 꼬헤르?

¿Cuánto cuesta el billete?
꾸안또 꾸에스따 엘 비예떼?

¿Cuándo tengo que pagar?
꾸안도 뗑고 께 빠가르?

Me bajo aquí.
메 바호 아끼

Por favor, avíseme cuando lleguemos.
뽀르 파보르, 아비세메 꾸안도 예게모스

¿Tengo que cambiar de tren?
뗑고 께 깜비아르 데 뜨렌?

교통 전철·지하철 이용하기

제일 가까운 전철역은 어디입니까?
Where is the closest station?

노선도를 받을 수 있을까요?
Can I get a route map, please.

표는 어디에서 삽니까?
Where can I buy a ticket?

스페인 광장에 가려면 어떻게 갑니까?
How do I get to Plaza of Spain?

동쪽 출구가 어디입니까?
Where is the east exit?

여기서 타면 마드리드 역으로 갑니까?
Is this bus going to the Madrid main station?

어디서 갈아탑니까?
Where do I have to change trains?

¿Dónde está la estación más cercana?
돈데 에스따 라 에스따씨온 마스 쎄르까나?

¿Me da un mapa, por favor?
메 다 운 마빠, 뽀르 파보르?

¿Dónde se compra el billete?
돈데 세 꼼쁘라 엘 비예떼?

¿Cómo se va a la Plaza España?
꼬모 세 바 아 라 쁠라싸 에스빠냐?

¿Dónde está la salida Este?
돈데 에스따 라 살리다 에스떼?

¿Este bus va a la estación principal de Madrid?
에스떼 부스 바 아 라 에스따씨온 쁘린씨빨 데 마드리드?

¿Dónde tengo que cambiar de trenes?
돈데 뗑고 께 깜비아르 데 뜨레네스?

교통 택시 이용하기

택시 승차장은 어디입니까?
Where is the taxi stand?

이 근처에서 택시 잡을 수 있어요?
Can I catch a taxi around here?

트렁크 좀 열어 주세요.
Please open the trunk.

어디까지 가세요?
Where to?

(메모를 보여주며) 이 주소로 가 주세요.
To this place here on the map, please.

여기서 세워 주세요.
Please stop here.

여기서 잠시만 기다려 주시겠습니까?
Could you wait here for a moment?

¿Dónde está la parada de taxi?
돈데 에스따 라 빠라다 데 딱시?

¿Puedo coger un taxi por aquí cerca?
뿌에도 꼬헤르 운 딱시 뽀르 아끼 쎄르까?

Por favor, abra el maletero.
뽀르 파보르, 아브라 엘 말레떼로

¿A dónde va?
아 돈데 바?

A este sitio del mapa, por favor.
아 에스떼 시띠오 델 마빠, 뽀르 파보르

Por favor, pare aquí.
뽀르 파보르, 빠레 아끼

¿Puede esperar aquí un momento?
뿌에데 에스뻬라르 아끼 운 모멘또?

교통 열차 이용하기

바르셀로나행은 몇 번 홈입니까?
Which platform is for Barcelona?

이 열차는 빌바오 갑니까?
Does this train go to Bilbao?

식당차는 있습니까?
Is there a dining car?

표 변경 가능합니까?
Can I change this ticket?

편도 2장 주십시오.
Two one way tickets, please.

흡연석과 금연석 어느 쪽으로 하시겠습니까?
Would you like a smoking seat or a non-smoking seat?

몇 시에 도착합니까?
What time do we arrive?

¿Qué andén es para ir a Barcelona?
께 안덴 에스 빠라 이르 아 바르셀로나?

¿Este tren va a Bilbao?
에스떼 뜨렌 바 아 빌바오?

¿Hay vagón restaurante?
아이 바곤 레스따우란떼?

¿Puedo cambiar este billete?
뿌에도 깜비아르 에스떼 비예떼?

Dos billetes de sólo ida, por favor.
도스 비예떼스 데 솔로 이다, 뽀르 파보르

¿Quiere un asiento de fumador, o de no-fumador?
끼에레 운 아시엔또 데 푸마도르, 오 데 노 푸마도르?

¿A qué hora llegamos?
아 께 오라 예가모스?

교통 렌터카 이용하기

차를 렌터하고 싶습니다만.
I'd like to rent a car.

어떤 차종으로 하시겠습니까?
What kind of car would you like?

어떤 차가 있습니까?
What kind of cars do you have?

중형차를 빌리고 싶습니다.
I'd like a mid-size car.

국제면허증은 있습니까?
Do you have an international license?

요금에 보험이 포함되어 있습니까?
Does this rate include insurance?

긴급 상황일 때에는 어디로 연락하면 됩니까?
What is the contact number in case of emergency?

Me gustaría alquilar un coche.
메 구스따리아 알낄라르 운 꼬체

¿Qué tipo de coche quiere?
께 띠뽀 데 꼬체 끼에레?

¿Qué tipo de coches tiene?
께 띠뽀 데 꼬체스 띠에네?

Me gustaría un coche de tamaño medio.
메 구스따리아 운 꼬체 데 따마뇨 메디오

¿Tiene carné de conducir internacional?
띠에네 까르네 데 꼰두씨르 인떼르나씨오날?

¿Este precio incluye seguro?
에스떼 쁘레씨오 인끌루예 세구로?

¿Cuál es el número de contacto en caso de emergencia?
꾸알 에스 엘 누메로 데 꼰딱또 엔 까소 데 에메르헨씨아?

Chapter 7 관광

관광 안내소에 문의하기

길 묻는 표현

관광지에서 (1)

관광지에서 (2)

단체관광

사진 촬영하기

Tip. 스페인의 관광지

바르셀로나

세계적인 건축가 가우디의 작품이 시내 곳곳에 있어 많은 관광객들이 바르셀로나를 찾는다. 사그리다 파밀리아 성당, 구엘 공원, 구엘 저택 등등은 꼭 봐야 할 관광 명소이다. 몬주익 성 역시 유명한 관광 명소로 바르셀로나 시내 전체를 볼 수 있다. 바르셀로나의 샹제리제인 '라스 람블라스' 거리에서는 많은 음식점과 기념품 가게를 볼 수 있다.

똘레도

스페인의 수도 마드리드에서 70km 거리에 있는 인구 6만여의 작은 도시로 마드리드가 수도가 되기 전 1천여 년 동안 스페인의 중심지로 도시의 형성은 로마시대 이전으로 거슬러 올라가는 장구한 역사를 자랑하며 서고트 왕국, 이슬람 왕국, 레온 왕국, 까스띠야 왕국의 수도로 수백 년의 번영과 영화를 누렸던 고대의 도시이다. 까스띠야는 라 만차의 기사 '돈끼호테'의 고향이기도 하며, 똘레도에는 로마시대부터 이슬람교, 유대교, 그리스도교의 유산까지 다양한 문화유산이 남겨져 있다. 사실상 도시 전체가 문화유산이라 해도 과언이 아닐 것이다.

발렌시아

지중해에 닿아 있으며 까탈루냐 남쪽에 위치하는 스페인 제3의 도시이자 오렌지와 빠에야의 도시이다. 매년 3월 12일부터 8일간 열리는(인형은 15일부터) 산 호세의 불축제 Fallas de San Jose는 스페인의 3대 축제 중 하나로 1년 동안 만든 수백 개의 종이 인형을 축제 마지막 밤에 모두 불태워 버리는 광경은 놓쳐서는 안 될 볼거리이다. 또 까떼드랄이나 미술관 등 많은 볼거리들이 있다.

세비야

안달루시아 지방의 중심 도시이자 플라멩코의 본고장이다. 봄 축제 페리아 Feria로도 유명한데, 매년 4월에 1주일 동안 열리는 축제로 남녀 모두 옷을 차려입고 노래하고 춤을 춘다. 이러한 광란이 밤새도록 되풀이되는 열광적인 축제이다. 또한 세비야에 방문하면 타블라오에 꼭 가봐야 한다. 타블라오는 플라멩코 공연을 볼 수 있는 레스토랑 바이다. 여기서 쇼를 보면서 식사를 하거나 술을 마시는 것도 세비야의 밤을 즐겁게 보내는 방법 중 하나이다.

주요 볼거리로는 까떼드랄과 히랄다 탑인데 스페인 최대의 그리고 유럽에서 세 번째로 큰 면적을 자랑하는 까떼드랄 내부에는 콜럼버스의 묘와 고야 등 스페인 거장들의 회화로 장식되어 있다. 또한 부설된 히랄다 탑은 세비야의 상징적인 존재로 전망대에서는 세비야 시내를 한눈에 볼 수 있다.

그라나다

화려한 이슬람 문화와 꾸밈없는 가톨릭 문화가 섞인 고도이다. 빼놓지 말고 봐야할 필수 명소는 알람브라 궁전으로 이슬람 시대의 낭만이 흐르는 세계적 유산이다. 왕궁은 물론 주변 전망이 멋진 벨라 탑, 고즈넉한 풍치가 있는 헤네랄리페도 꼭 봐야할 필수 코스이다.

또한 원래는 이슬람교도들의 거주지였던 알바이신은 그라나다에서 가장 오래된 지구로 알람브라 북쪽에 위치한 언덕에 펼쳐진 거리이다. 여러 갈래의 좁은 돌길이 가파른 언덕 아래로 뻗어 있으며 누에바 광장 근처에는 동굴 바르, 아랍 찻집, 도자기 상점 등이 모여 있다. 정상 부근에 있는 산 니콜라스 성당의 전망대에서 바라보는 알람브라 궁전의 경관도 매우 유명하다.

관광

관광안내소에 문의하기

관광안내소는 어디입니까?
Where is the tourist information?

무료 관광 지도를 받을 수 있습니까?
Can I have a free tourist map?

재미있는 곳을 추천해 주세요.
Can you recommend any interesting places?

바다를 보려면 어디로 가면 됩니까?
Where can I see the sea?

이 근처에 사우나 할 수 있는 곳이 있나요?
Is there a place where I can find a sauna around here?

시내를 한눈에 볼 수 있는 곳이 있습니까?
Is there a place where I can get a view over the city?

젊은이들이 모이는 곳은 어디입니까?
Where do young people usually gather around here?

¿Dónde está la información turística?
돈데 에스따 라 인포르마시온 뚜리스띠까?

¿Me da un mapa turístico gratuito?
메 다 운 마빠 뚜리스띠꼬 그라뚜이또?

¿Me puede recomendar algún sitio interesante?
메 뿌에데 레꼬멘다르 알군 시띠오 인떼레산떼?

¿Dónde puedo encontrar una playa?
돈데 뿌에도 엔꼰뜨라르 우나 쁠라야?

¿Hay algún sitio cerca donde haya una sauna?
아이 알군 시띠오 쎄르까 돈데 아야 우나 사우나?

¿Hay algún sitio con vistas a la ciudad?
아이 알군 시띠오 꼰 비스따스 아 라 씨우닫?

¿Dónde suele ir la gente joven por aquí?
돈데 수엘레 이르 라 헨떼 호벤 뽀르 아끼?

관광 — 길 묻는 표현

사그라다 파밀리아 성당은 어떻게 가면 됩니까?
How do I get to the Sagrada Familia church?

이 거리는 뭐라고 합니까?
What is this street called?

역으로 가는 길을 가르쳐 주세요.
Please tell me the way to the station.

걸어서 갈 수 있어요?
Can I go there by foot?

걸어서 몇 분 정도 걸립니까?
How far is the walking distance?

여기서 가까워요?
Is it near here?

이 길은 까떼드랄(대성당)로 가는 길입니까?
Is this way the way to the Cathedral?

¿Cómo se va hasta La Sagrada familia?
꼬모 세 바 아스따 라 사그라다 파밀리아?

¿Cómo se llama esta calle?
꼬모 세 야마 에스따 까예?

Por favor, dígame cómo se va hasta la estación.
뽀르 파보르, 디가메 꼬모 세 바 아스따 라 에스따씨온?

¿Se puede ir a pie?
세 뿌에데 이르 아 삐에?

¿Cuánto se tarda caminando?
꾸안또 세 따르다 까미난도?

¿Está cerca de aquí?
에스따 쎄르까 데 아끼?

¿Este es el camino para La Catedral?
에스떼 에스 엘 까미노 빠라 라 까떼드랄?

관광 관광지에서 (1)

입장권은 어디에서 팝니까?
Where can I buy admission tickets?

학생할인은 안 됩니까?
Is there a student discount?

단체할인 됩니까?
Is there a group discount?

이거 무슨 줄입니까?
What line is this?

어느 정도 기다려야 합니까?
How long do I have to wait?

셔틀버스는 몇 분 간격으로 있습니까?
How many minutes are the shuttle busses apart?

안에 들어갈 수 있습니까?
Can I enter?

¿Dónde puedo comprar la entrada?

돈데 뿌에도 꼼쁘라르 라 엔뜨라다?

¿Hay descuento para estudiantes?

아이 데스꾸엔또 빠라 에스뚜디안떼스?

¿Hay descuentos para grupos?

아이 데스꾸엔또스 빠라 그루뽀스?

¿Qué cola es ésta?

께 꼴라 에스 에스따?

¿Cuánto tengo que esperar?

꾸안또 뗑고 께 에스뻬라르?

¿Cada cuándo hay buses lanzadera?

까다 꾸안도 아이 부세스 란싸데라?

¿Puedo entrar?

뿌에도 엔뜨라르?

관광지에서 (2)

관내에서 사진을 찍어도 됩니까?
Can I take a picture from the inside of the building?

이 공원에 대해 설명해 주시겠습니까?
Could you tell me more about this park?

휴관일은 언제입니까?
On which day of the week is this place closed?

이 교회는 언제 만들어졌습니까?
When was this church built?

선물은 어디에서 팝니까?
Where can I find the souvenirs?

마사지 받을 수 있는 곳은 어디입니까?
Where can I get a massage?

엽서는 어디에서 살 수 있어요?
Where can I find postcards?

¿Puedo tomar fotos en el interior del edificio?
뿌에도 또마르 포또스 엔 엘 인떼리오르 델 에디피씨오?

¿Me puede contar acerca de este parque?
메 뿌에데 꼰따르 아쎄르까 데 에스떼 빠르께?

¿En qué día de la semana está cerrado?
엔 께 디아 데 라 세마나 에스따 쎄르라도?

¿Cuándo se construyó esta iglesia?
꾸안도 세 꼰스뜨루요 에스따 이글레시아?

¿Dónde puedo encontrar regalos?
돈데 뿌에도 엔꼰뜨라르 레갈로스?

¿Dónde me pueden dar un masaje?
돈데 메 뿌에덴 다르 운 마사헤?

¿Dónde puedo encontrar postales?
돈데 뿌에도 엔꼰뜨라르 뽀스딸레스?

관광 단체관광

시내 단체관광에 참가하고 싶은데요.
I'd like to take a group excursion of the city.

어떤 관광 코스가 있습니까?
What kind of sightseeing courses do you have?

놀이공원에 가는 투어는 있습니까?
Do you have a tour to an amusement park?

일정은 어떻게 됩니까?
How is the schedule?

한 사람당 얼마입니까?
How much is it per person?

여기서 등록이 가능합니까?
Is it possible to receive here?

어디서 출발합니까?
Where will the tour leave?

Me gustaría hacer una excursión en grupo a la ciudad.
메 구스따리아 아쎄르 우나 엑스꾸르시온 엔 그루뽀 아 라 씨우닫

¿Qué tipos de itinerarios de visitas tienen?
께 띠뽀스 데 이띠네라리오스 데 비시따스 띠에넨?

¿Tienen visitas a algún parque de atracciones?
띠에넨 비시따스 아 알군 빠르께 데 아뜨락씨오네스?

¿Cómo es el itinerario?
꼬모 에스 엘 이띠네라리오?

¿Cuánto cuesta por persona?
꾸안또 꾸에스따 뽀르 뻬르소나?

¿Me puedo apuntar aquí?
메 뿌에도 아뿐따르 아끼?

¿Desde dónde salimos?
데스데 돈데 살리모스?

관광 — 사진 촬영하기

사진 좀 찍어 주시겠어요?
Could you take a picture of me?

이 버튼 누르시면 됩니다.
Press this button.

같이 찍어도 될까요?
Can we take a picture together?

한 장 더 부탁합니다.
Once more, please.

여기서 사진을 찍어도 됩니까?
Can I take pictures here?

저 박물관을 배경으로 찍어 주세요.
Can you please take a picture of me with the museum in the background?

여기는 사진촬영금지입니다.
It is prohibited to take pictures here.

¿Puede hacerme una foto?

뿌에데 아쎄르메 우나 포또?

Pulse este botón.

뿔세 에스떼 보똔

¿Nos podemos sacar una foto juntos?

노스 뽀데모스 사까르 우나 포또 훈또스?

Otra vez, por favor.

오뜨라 베쓰, 뽀르 파보르

¿Puedo hacer fotos aquí?

뿌에도 아쎄르 포또스 아끼?

¿Puede hacerme una foto con el museo de fondo, por favor?

뿌에데 아쎄르메 우나 포또 꼰 엘 무세오 데 폰도, 뽀르 파보르?

Está prohibido hacer fotos aquí.

에스따 쁘로이비도 아쎄르 포또스 아끼

Chapter 8 쇼핑

쇼핑 관련 표현　　전자상가 이용하기
가격 흥정　　　　의류매장 이용하기
계산하기　　　　서점 이용하기
백화점 이용하기　교환 및 환불하기

쇼핑 관련 표현

쇼핑가는 어디입니까?
Where is the shopping area?

무엇을 찾고 계십니까?
What are you looking for?

샤넬 매장은 어디입니까?
Where is the CHANEL store?

가방을 사고 싶은데요.
I'd like to buy a bag.

이것은 어디에서 살 수 있습니까?
Where can I buy this?

잠깐 구경하는 겁니다.
I was just looking around a little.

저것 좀 보여 주세요.
Could you show me that?

¿Dónde está la zona comercial?

돈데 에스따 라 쏘나 꼬메르씨알?

¿Qué está buscando?

께 에스따 부스깐도?

¿Dónde está la tienda de Chanel?

돈데 에스따 라 띠엔다 데 샤넬?

Me gustaría comprar un bolso.

메 구스따리아 꼼쁘라르 운 볼소

¿Dónde puedo comprar esto?

돈데 뿌에도 꼼쁘라르 에스또?

Sólo estoy mirando.

솔로 에스또이 미란도

¿Me puede enseñar eso?

메 뿌에데 엔세냐르 에소?

쇼핑 — 가격 흥정

세일은 하고 있습니까?
Are you having a sale now?

이것은 얼마입니까?
How much is this?

너무 비쌉니다.
It's too expensive.

더 싼 것은 없습니까?
Is there something less expensive?

깎아 주세요.
Can you give me a discount?

깎아 주면 사겠습니다.
I will buy it, if you give me a discount.

현금으로 계산하면 쌉니까?
Will it be cheaper if I pay cash?

¿Están de rebajas ahora?

에스딴 데 레바하스 아오라?

¿Cuánto cuesta esto?

꾸안또 꾸에스따 에스또?

Es muy caro.

에스 무이 까로

¿Hay algo más barato?

아이 알고 마스 바라또?

¿Puede hacerme descuento?

뿌에데 아쎄르메 데스꾸엔또?

Si me hace descuento, lo compro.

시 메 아쎄 데스꾸엔또, 로 꼼쁘로

¿Es más barato si pago en efectivo?

에스 마스 바라또 시 빠고 엔 에펙띠보?

쇼핑 — 계산하기

계산은 어디서 합니까?
Where can I pay?

카드로 됩니까?
Can I pay with credit card?

선물용으로 포장해 주시겠습니까?
Can you wrap this as a gift?

전부 합해서 얼마입니까?
How much is it altogether?

아직 거스름돈을 받지 않았습니다.
You haven't given me the change yet.

영수증을 주시겠어요?
Can I have a receipt?

계산이 잘못된 것 같은데요.
I think that the sum is wrong.

¿Dónde hay que pagar?

돈데 아이 께 빠가르?

¿Puedo pagar con tarjeta de crédito?

뿌에도 빠가르 꼰 따르헤따 데 끄레디또?

¿Puede envolverlo para regalo?

뿌에데 엔볼베를로 빠라 레갈로?

¿Cuánto cuesta todo junto?

꾸안또 꾸에스따 또도 훈또?

No me ha dado el cambio todavía.

노 메 아 다도 엘 깜비오 또다비아

¿Me puede dar la factura?

메 뿌에데 다르 라 팍뚜라?

Creo que el cálculo está mal.

끄레오 께 엘 깔꿀로 에스따 말

쇼핑 — 백화점 이용하기

이 근처에 백화점은 어디에 있습니까?
Where can I find a department store in this neighborhood?

지금 유행하고 있는 건 어느 것인가요?
Which one sells the best these days?

향수 세 개 주세요.
Please give me three bottles of that perfume.

부가세 포함입니까?
Does this include tax?

예. 여기 영수증과 거스름돈입니다.
Yes. Here is your receipt and the change.

따로 따로 포장해 주시겠습니까?
Could you wrap this separately?

화장품 코너는 어디에 있나요?
Where is the cosmetics department?

¿Dónde hay un centro comercial por este barrio?
돈데 아이 운 쎈뜨로 꼬메르씨알 뽀르 에스떼 바르리오?

¿Cuál es mejor?
꾸알 에스 메호르?

Por favor, deme tres botellas de perfume.
뽀르 파보르, 데메 뜨레스 보떼야스 데 뻬르푸메

¿Está el IVA incluido?
에스따 엘 이바 인끌루이도?

Sí. Aquí tiene la factura y el cambio.
씨. 아끼 띠에네 라 팍뚜라 이 엘 깜비오

Puede envolverlo por separado?
뿌에데 엔볼베를로 뽀르 세빠라도?

¿Dónde está el departamento de cosméticos?
돈데 에스따 엘 데빠르따멘또 데 꼬스메띠꼬스?

쇼핑 — 전자상가 이용하기

디지털 카메라는 어디 있나요?
Where can I find digital cameras?

좀더 성능이 좋은 것은 없습니까?
Is there something that scored better test results?

사용법을 알려 주세요.
Please tell me how to use this.

포인트 카드를 만들고 싶은데요.
I'd like to get a bonus points card.

이것은 한국에서 사용할 수 있습니까?
Can I also use this in Korea?

프리볼트 제품은 있습니까?
Do you have anything that has no voltage limitation?

한국에서 애프터서비스를 받을 수 있습니까?
Do you have an after-sales service in Korea?

¿Dónde hay cámaras digitales?

돈데 아이 까마라스 디히딸레스?

¿Hay alguno que funcione especialmente bien en particular?

아이 알구노 께 풍씨오네 에스뻬씨알멘떼 비엔 엔 빠르띠꿀라르?

Por favor, dígame cómo usar esto.

뽀르 파보르, 디가메 꼬모 우사르 에스또

Me gustaría hacer la tarjeta de acumulación de puntos.

메 구스따리아 아쎄르 라 따르헤따 데 아꾸물라씨온 데 뿐또스

¿Puedo usar esto en Corea?

뿌에도 우사르 에스또 엔 꼬레아?

¿Tiene algo que no tenga límite de voltaje?

띠에네 알고 께 노 뗑가 리미떼 데 볼따헤

¿Tienen servicio de garantía en Corea?

띠에넨 세르비씨오 데 가란띠아 엔 꼬레아?

쇼핑 — 의류매장 이용하기

입어 봐도 됩니까?
Can I try it on?

다른 스타일을 보여 주세요.
Please show me something with a different style.

좀 끼이네요. / 좀 크네요.
It's a little tight. / It's a little big.

너무 작아요. / 너무 커요.
Too small. / Too big.

너무 길어요 / 너무 짧아요.
Too long./ Too short.

저한테 어울립니까?
Does this look good on me?

사이즈 수선은 됩니까?
Can the size be adjusted?

¿Puedo probármelo?

뿌에도 쁘로바르멜로?

Por favor, enséñeme algo de diferente estilo.

뽀르 파보르, 엔세녜메 알고 데 디페렌떼 에스띨로

Me aprieta un poco. / Me va un poco grande.

메 아쁘리에따 운 뽀꼬. / 메 바 운 뽀꼬 그란데

Demasiado pequeño. / Demasiado grande.

데마시아도 뻬께뇨. / 데마시아도 그란데

Demasiado largo. / Demasiado corto.

데마시아도 라르고. / 데마시아도 꼬르또

¿Me queda bien?

메 께다 비엔?

¿Se puede ajustar la talla?

세 뿌에데 아후스따르 라 따야?

쇼핑 — 서점 이용하기

책을 찾고 있는데요.
I'm looking for a book.

소설은 어디 있나요?
Where do I find novels?

작가 이름은 무엇입니까?
Do you know the authors name?

베스트 셀러는 무엇입니까?
I am looking for a bestseller.

커버를 씌워 드릴까요?
Do you want a dust cover for the book?

봉투에 넣어 주세요.
Please put it in a bag.

공짜 책갈피도 있어요?
Do you have free bookmarks?

Estoy buscando un libro.
에스또이 부스깐도 운 리브로

¿Dónde están las novelas?
돈데 에스딴 라스 노벨라스?

¿Sabe el nombre del autor?
사베 엘 놈브레 델 아우또르?

Estoy buscando un best seller.
에스또이 부스깐도 운 베스트 셀러

¿Quiere una tapa protectora para el libro?
끼에레 우나 따빠 쁘로떽또라 빠라 엘 리브로?

Por favor, póngamelo en una bolsa.
뽀르 파보르, 뽕가멜로 엔 우나 볼사

¿Tienen puntos de libro gratis?
띠에넨 뿐또스 데 리브로 그라띠스?

쇼핑 — 교환 및 환불하기

이것을 반품할 수 있습니까?
I'd like to return this.

치수 좀 바꿔 주세요.
Can I get another size?

버튼이 떨어져 있었어요.
A button fell off.

찢어져 있었어요.
It was already torn.

얼룩이 묻어 있어요.
There is a stain.

영수증은 가지고 왔습니까?
Did you bring the receipt?

재고품이 들어오면 연락 드릴게요.
I'll contact you when we get stocked up.

Me gustaría devolver esto.
메 구스따리아 데볼베르 에스또

¿Puedo cambiar la talla?
뿌에도 깜비아르 라 따야?

Cayó un botón.
까요 운 보똔

Ya estaba roto.
야 에스따바 로또

Hay una mancha.
아이 우나 만차

¿Ha traído la factura?
아 뜨라이도 라 팍뚜라?

Le llamaré cuando tengamos stock otra vez.
레 야마레 꾸안도 뗑가모스 스똑 오뜨라 베쓰

Chapter 9 공공시설

전화 이용하기 (1)
전화 이용하기 (2)
우체국 이용하기
은행 이용하기

공공시설 전화 이용하기(1)

이 근처에 공중전화는 있어요?
Is there a public telephone around here?

전화카드는 어디에서 살 수 있나요?
Where can I buy a telephone card?

전화카드 30유로짜리를 주세요.
Please give me phone card for 30 Euro.

국제전화가 가능한 공중전화는 어디 있습니까?
Where can I find a public telephone which I can use to make an international call?

한국으로 전화를 걸고 싶은데요.
I'd like to call Korea.

이 전화로 국제전화는 됩니까?
Can I make an international call from this telephone?

이 전화를 사용해도 될까요?
Can I borrow this telephone?

¿Hay un teléfono público por aquí?
아이 운 뗄레포노 뿌블리꼬 뽀르 아끼?

¿Dónde puedo comprar una tarjeta telefónica?
돈데 뿌에도 꼼쁘라르 우나 따르헤따 뗄레포니까?

Por favor, deme una tarjeta telefónica de treinta euros.
뽀르 파보르, 데메 우나 따르헤따 뗄레포니까 데 뜨레인따 에우로스

¿Dónde hay un teléfono público desde el que se puedan hacer llamadas internacionales?
돈데 아이 운 뗄레포노 뿌블리꼬 데스데 엘 께 세 뿌에단 아쎄르 야마다스 인떼르나씨오날레스?

Quiero llamar a Corea.
끼에로 야마르 아 꼬레아

¿Puedo hacer llamadas internacionales desde este teléfono?
뿌에도 아쎄르 야마다스 인떼르나시오날레스 데스데 에스떼 뗄레포노?

¿Puedo usar este teléfono?
뿌에도 우사르 에스떼 뗄레포노?

공공시설 전화 이용하기(2)

가르시아 씨 부탁합니다.
Mr. García, please.

지금 자리에 안 계십니다만.
He isn't at his desk right now.

언제 돌아옵니까?
When does he return?

메모 좀 남기고 싶은데요.
I'd like to leave a memo.

전화 부탁한다고 전해 주세요.
Please tell him to give me a call.

다음에 다시 걸겠습니다.
I'll call you again later.

미안합니다. 잘못 걸었습니다.
Excuse me, but I dialed the wrong number.

Con el Señor García, por favor.
꼰 엘 세뇨르 가르씨아, 뽀르 파보르

No está en su sitio ahora mismo.
노 에스따 엔 수 시띠오 아오라 미스모

¿Cuándo va a volver?
꾸안도 바 아 볼베르?

Me gustaría dejarle un recado.
메 구스따리아 데하를레 운 레까도

Por favor, dígale que me llame.
뽀르 파보르, 디갈레 께 메 야메

Volveré a llamar más tarde.
볼베레 아 야마르 마스 따르데

Perdone, he marcado el número mal.
뻬르도네, 에 마르까도 엘 누메로 말

공공시설 우체국 이용하기

우체국은 어디에 있습니까?
Where can I find a post office?

등기를 보내는 창구는 몇 번입니까?
Where do I have to go to send registered mail?

서울까지 이것을 보내고 싶은데요.
I'd like to send this to Seoul.

항공편입니까? 배편입니까?
Is it airmail or surface mail?

항공편으로 부탁합니다.
By airmail, please.

내용물은 무엇입니까?
What are the contents?

서류입니다.
It's documents.

¿Dónde puedo encontrar una oficina de correos?

돈데 뿌에도 엔꼰뜨라르 우나 오피씨나 데 꼬르레오스?

¿Dónde tengo que ir para enviar correo certificado?

돈데 뗑고 께 이르 빠라 엔비아르 꼬르레오 쎄르띠피까도?

Quiero enviar esto a Seúl.

끼에로 엔비아르 에스또 아 세울

¿Es correo aéreo o terrestre?

에스 꼬르레오 아에레오 오 떼르레스뜨레?

Por avión, por favor.

뽀르 아비온, 뽀르 파보르

¿Qué contiene?

께 꼰띠에네?

Son documentos.

손 도꾸멘또스

공공시설 은행 이용하기

은행을 찾고 있는데요.
I'm looking for a bank.

여기에서 환전할 수 있습니까?
Can I exchange money here?

유로로 바꾸고 싶은데요.
Could you exchange this into Euro?

환전창구는 어디입니까?
Where is the money exchange desk?

여권을 보여 주시겠습니까?
Could you show me your passport?

이 서류에 기입해 주세요.
Please fill out this form.

현금자동지급기는 어디에 있습니까?
Where can I find an ATM?

Estoy buscando un banco.
에스또이 부스깐도 운 방꼬

¿Puedo cambiar divisa aquí?
뿌에도 깜비아르 디비사 아끼?

¿Puede cambiar esto a euros?
뿌에데 깜비아르 에스또 아 에우로스?

¿Dónde está la ventanilla de cambio?
돈데 에스따 라 벤따니야 데 깜비오?

¿Me puede enseñar el pasaporte?
메 뿌에데 엔세냐르 엘 빠사뽀르떼?

Por favor, rellene el formulario.
뽀르 파보르, 레예네 엘 포르물라리오

¿Dónde hay un cajero automático?
돈데 아이 운 까헤로 아우또마띠꼬?

Chapter 10 긴급상황

분실 및 도난 사고

교통사고

건강 이상 (1)

건강 이상 (2)

건강 이상 (3)

긴급상황 분실 및 도난 사고

여권을 잃어버렸습니다.
I lost my passport.

어디서 잃어버렸는지 모르겠어요.
I don't know where I lost it.

도난증명서를 써 주십시오.
I would like to report a theft.

한국대사관에 가서 재발급 받으세요.
Please go to Korea embassy and have it reissued.

지갑을 잃어버렸습니다.
I lost my purse.

경찰에 신고하세요.
Please report it to the police.

카드는 바로 은행에 신고해 주세요.
Please report your lost card to the bank right away.

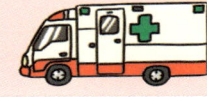

He perdido mi pasaporte.
에 뻬르디도 미 빠사뽀르떼

No sé dónde lo he perdido.
노 세 돈데 로 에 뻬르디도

Me gustaría denunciar un robo.
메 구스따리아 데눈시아르 운 로보

Por favor, vaya a la embajada coreana y renuévelo allí.
뽀르 파보르, 바야 아 라 엠바하다 꼬레아나 이 레누에벨로 아이

He perdido mi cartera.
에 뻬르디도 미 까르떼라

Por favor, informe a la policía.
뽀르 파보르, 인포르메 아 라 뽈리씨아

Por favor, cancele su tarjeta en el banco inmediatamente.
뽀르 파보르, 깐쎌레 수 따르헤따 엔 엘 반꼬 인메디아따멘떼

긴급상황 — 교통사고

도와 주세요.
Please help me.

괜찮으세요?
Are you okay?

자동차에 치였습니다.
I was hit by a car.

차와 충돌했어요.
I collided with another car.

다쳤어요.
I am injured.

구급차를 불러 주세요.
Please call an ambulance.

경찰을 불러 주세요.
Please call the police.

Por favor, ayúdeme.
뽀르 파보르, 아유데메

¿Está bien?
에스따 비엔?

Me atropelló un coche.
메 아뜨로뻬요 운 꼬체

He chocado con otro coche.
에 초까도 꼰 오뜨로 꼬체

Me he hecho daño.
메 에 에초 다뇨

Por favor, llame a una ambulancia.
뽀르 파보르, 야메 아 우나 암불란씨아

Por favor, llame a la policía.
뽀르 파보르, 야메 아 라 뽈리씨아

긴급상황 건강 이상 (1)

배가 아픕니다.
I have a stomachache.

출혈이 안 멈춰요.
The bleeding doesn't stop.

발목을 삐었어요.
I sprained my ankle.

다리에 쥐가 났어요.
I have a cramp in my leg.

이가 아파요.
I have a toothache.

머리가 아파요.
I have a headache.

가려워요.
It itches.

Me duele el estómago.
메 두엘레 엘 에스또마고

La hemorragia no se para.
라 에모라히아 노 세 빠라

Me he torcido el tobillo.
메 에 또르씨도 엘 또비요

Tengo calambres en la pierna.
뗑고 깔람브레스 엔 라 삐에르나

Tengo dolor de muelas.
뗑고 돌로르 데 무엘라스

Tengo dolor de cabeza.
뗑고 돌로르 데 까베싸

Esto pica.
에스또 삐까

긴급상황 건강 이상 (2)

설사가 심합니다.
I have severe diarrhea.

눈에 뭐가 들어갔어요.
I have something in my eye.

어지러워요.
I feel dizzy.

두드러기가 심해요.
I have severe hives.

속이 메슥거려요.
I feel sick in the stomach.

토할 것 같아요.
I have nausea.

화상을 입었어요.
I got burned.

Tengo diarrea.
떼고 디아르레아

Tengo algo en el ojo.
떼고 알고 엔 엘 오호

Me mareo.
메 마레오

Tengo sarpullidos.
떼고 사르뿌이도스

Tengo malestar de estómago.
떼고 말레스따르 데 에스또마고

Quiero vomitar.
끼에로 보미따르

Me he quemado.
메 에 께마도

긴급상황 건강 이상 (3)

이 근처에 병원이 있습니까?
Is there a hospital close by?

가장 가까운 병원으로 가 주세요.
To the nearest hospital, please.

한국어를 할 수 있는 분이 있습니까?
Is there someone who can speak Korean?

진단서를 써 주세요.
Can I please have a written diagnosis?

이 처방전을 가지고 약국에 가세요.
Please go to a pharmacy with this prescription.

이 처방전의 약을 주세요.
Can I have medicine for this prescription?

하루에 몇 번 먹으면 됩니까?
How many times a day should I take this medicine?

¿Hay un hospital cerca?
아이 운 오르삐딸 쎄르까?

Al hospital más cercano, por favor.
알 오르삐딸 마스 쎄르까노, 뽀르 파보르

¿Hay alguien que hable coreano?
아이 알기엔 께 아블레 꼬레아노?

¿Me puede dar un diagnóstico por escrito?
메 뿌에데 다르 운 디아그노스띠꼬 뽀르 에스끄리또?

Por favor, vaya a la farmacia con esta receta médica.
뽀르 파보르, 바야 아 라 파르마씨아 꼰 에스따 레쎄따 메디까

¿Me da el medicamento de esta receta médica?
메 다 엘 메디까멘또 데 에스따 레쎄따 메디까?

¿Cuántas veces al día tengo que tomar esta medicina?
꾸안따스 베쎄스 알 디아 뗑고 께 또마르 에스따 메디씨나?

Chapter 11 귀국

항공권 예약 및 변경

공항에서 출국 수속

전송 나온 사람이 있을 때

결항·연착 및 비행기를 놓쳤을 때

귀국 - 항공권 예약 및 변경

예약을 확인하고 싶은데요.
I'd like to confirm my reservation.

이름과 출발날짜를 말씀해 주십시오.
Please give me the day of departure and your name.

서울로 가는 KAL906편입니까?
This is KAL flight 906 for Seoul, isn't it?

창가쪽 자리로 부탁합니다.
A window seat, please.

예약 확인되었습니다.
Your reservation has been confirmed.

출발시간을 확인하고 싶은데요.
I'd like to confirm the departure time.

출발시간 변경이 가능합니까?
Is it possible to change the departure time?

Quiero confirmar mi reserva.
끼에로 꼰피르마르 미 레세르바

Por favor, dígame el día de salida, y su nombre.
뽀르 파보르, 디가메 엘 디아 데 살리다, 이 수 놈브레

¿Este es el vuelo KAL 906 para Seúl?
에스떼 에스 엘 부엘로 까 아 엘레 노베씨엔또스 세이스 빠라 세울?

Por favor, deme asiento con ventanilla.
뽀르 파보르, 데메 아시엔또 꼰 벤따니야

Su reserva ha sido confirmada.
수 레세르바 아 시도 꼰피르마다

Quiero confirmar la hora de salida.
끼에로 꼰피르마르 라 오라 데 살리다

¿Es posible cambiar la hora de salida?
에스 뽀시블레 깜비아르 라 오라 데 살리다?

귀국 공항에서 출국 수속

대한항공 카운터는 어디입니까?
Where is the counter of Korean Air?

항공권과 여권을 보여 주세요.
Please show me your airline ticket and passport.

부칠 짐은 이곳에 올려 주세요.
Please put the baggage you want to check in here.

짐은 이것뿐입니까?
Is the the only baggage?

이 태그를 붙여 주세요.
Please attach this tag.

이 가방은 기내에 들고 갑니다.
This is the bag I want to take aboard.

탑승 게이트는 몇 번입니까?
What number is the boarding gate?

¿Dónde está el mostrador de Korean Air?
돈데 에스따 엘 모스뜨라도르 데 코리안 에어?

Por favor, enséñeme su billete y su pasaporte.
뽀르 파보르, 엔세녜메 수 비예떼 이 수 빠사뽀르떼

Por favor, ponga el equipaje que quiera facturar aquí.
뽀르 파보르, 뽕가 엘 에끼빠헤 께 끼에라 팍뚜라르 아끼

Es este equipaje sólo?
에스 에스떼 에끼빠헤 솔로?

Por favor, pegue esta etiqueta.
뽀르 파보르, 뻬게 에스따 에띠께따

Esta es la bolsa que quiero llevar a bordo.
에스따 에스 라 볼사 께 끼에로 예바르 아 보르도

¿Cuál es el número de puerta de embarque?
꾸알 에스 엘 누메로 데 뿌에르따 데 엠바르께?

귀국 — 전송 나온 사람이 있을 때

정말 신세 많이 졌습니다.
That was very kind.

아니요, 천만에요.
No, you're welcome.

덕분에 매우 즐거웠습니다.
Thanks to you, I had a great time.

한국에도 놀러 오세요.
Please also come and visit me in Korea.

사진도 보낼게요.
I will send you the pictures.

한국 여행은 제게 맡겨 주십시오.
I will take care of your travel arrangements in Korea.

그럼 건강하세요. 안녕히 계세요.
Take care. Good-bye.

Usted es muy amable.
우스뗃 에스 무이 아마블레

No, de nada.
노 데 나다

Gracias a usted, he pasado un buen rato.
그라씨아스 아 우스뗃, 에 빠사도 운 부엔 라또

Por favor, venga a Corea a verme también.
뽀르 파보르, 벵가 아 꼬레아 아 베르메 땀비엔

Le enviaré las fotos.
레 엔비아레 라스 포또스

Déjeme planear su viaje por Corea.
데헤메 아 쁠라네아르 수 비아헤 뽀르 꼬레아

Cuídese. Adiós.
꾸이데세. 아디오스

귀국 — 연착 및 비행기를 놓쳤을 때

서울행 비행기를 놓쳤습니다만.
I missed my flight for Seoul.

다음 서울행 비행기는 언제 출발합니까?
When is the next flight for Seoul departing?

왜 연착이 되었습니까?
Why was it delayed?

어느 정도 기다리면 됩니까?
How long do I have to wait?

어느 정도 늦어집니까?
How much will it be delayed?

몇 시에 탑승이 가능합니까?
What time can I board?

바로 탑승해 주세요.
Please board immediately.

He perdido mi vuelo a Seúl.
에 뻬르디도 미 부엘로 아 세울

¿Cuándo sale el siguiente vuelo a Seúl?
꾸안도 살레 엘 시기엔떼 부엘로 아 세울?

¿Por qué se ha atrasado?
뽀르 께 세 아 아뜨라사도?

¿Cuánto tiempo tengo que esperar?
꾸안또 띠엠뽀 뗑고 께 에스뻬라르?

¿Cuánto tiempo se va a retrasar?
꾸안또 띠엠뽀 세 바 아 레뜨라사르?

¿A qué hora puedo embarcar?
아 께 오라 뿌에도 엠바르까르?

Por favor, embarquen inmediatamente.
뽀르 파보르, 엠바르껜 인메디아따멘떼

Tip. 스페인의 공휴일 / 축제

스페인의 공휴일

스페인의 공휴일

1월 1일	신년 (Año nuevo)
1월 6일	동방박사의 날 (Festividad de Reyes Magos)
3월 또는 4월	부활절 (La pascua 및 Viernes Santo)
5월 1일	노동절 (Fiesta de Trabajador)
8월 15일	성녀의 날 (Fiesta de Virgen)
10월 12일	신대륙 발견 기념일 (Fiesta de Hispanidad, Descubrimiento de América)
11월 1일	성인의 날 (Fiesta de Todos Los Santos)
12월 6일	헌법의 날 (Fiesta de Constitución)
12월 8일	성모의 날 (Fiesta de Inmaculada)
12월 25일	성탄절 (Navidad)

스페인의 축제

발렌시아의 불꽃축제

해마다 3월 15일~19일까지 열리는 축제로 마을 사람들이 1년 동안 만든 종이인형 및 700여개의 조형물을 만들어 전시한 후 3월 19일 성 요셉의 축일에 한꺼번에 태워버림으로써 새 봄이 오는 것을 기념하는 축제이다.

세비야 봄 축제

150년 전부터 이어진 서민들의 축제로 4월 하순에 정장을 갖춘 남성이 화려한 민속의상을 입은 여인들을 말과 마차에 태워 퍼레이드를 한다. 대회장으로 지정된 공터에는 수백 개의 텐트가 들어서고, 사람들은 밤을 지새우며 먹고 마시고 춤추고 노래를 부른다.

빰쁠로나의 소몰이 축제
7월 6일에서 14일 사이에 열리는 축제로 소몰이 축제로 유명한 산 페르민 축제는 400년의 역사를 가지고 헤밍웨이의 소설에 나와 그 이름이 전세계에 알려졌다. 소몰이와 투우 외에도 다양한 이벤트가 열린다.

엘체의 종교극 축제
8월 14, 15일 이틀 동안 도시 중앙의 산타마리아 성당에서 종교극이 열린다. 이 전례극은 성모마리아의 죽음과 승천, 영광을 나타내는 내용이며 2001년 유네스코 세계무형유산으로 등록되었다.

부뇰의 토마토 축제
해마다 8월 마지막 주 수요일에 행하는 행사로 1944년 토마토 값 폭락에 분노한 농부들이 시의원들에게 분풀이로 토마토를 던진 것에서 시작되었다. 이 시위가 부뇰(Buñol)에서 일어났기 때문에 축제 역시 이 지역에서 시작되었다. 이 시위로 시민들의 의사가 관철된 것을 기념하여 잘 익은 토마토를 서로 던지며 시민 정신을 되새기자는 것이 이 축제의 취지이자 유래이다.

바르셀로나의 성모 메르세드 축제
바르셀로나의 수호 성모 메르세드의 날에 해당하는 9월 24일 전후로 며칠 동안 열리는 축제로 거대한 인형의 퍼레이드나 불꽃놀이 등이 시내 곳곳에서 열린다.

사라고사의 뻴라르 축제
아라곤 지방의 도시인 사라고사에서 10월 12일을 중심으로 뻴라르 축제가 열린다. 화려한 민속의상을 입은 이들이 마을 중앙 광장에 안치된 뻴라르의 성모상에 꽃을 바친다.

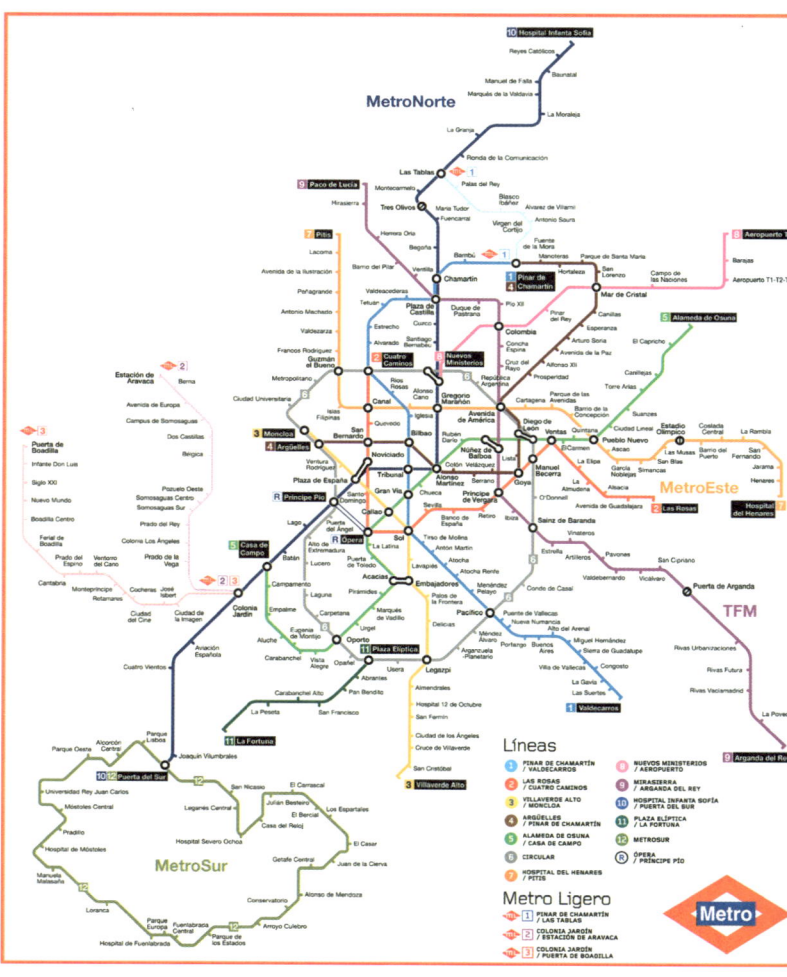

레알 스페인어 학원 **수강 할인쿠폰**

대한민국 외국어교육 "대상" 수상기업

15% 할인권

> 유효기간: 행사 종료시까지
> 1인 1매만 사용가능하고 중복할인은 적용되지 않습니다.
> 2개월 현금결제시 적용

국내 최초, 최대, 최고 레알 스페인어전문어학원 & 통. 번역문고 채류 쿠폰

REAL
스페인어교육의 명문, 레알 어학원

홍대센터 홍대역 8번출구 02-322-9709
강남센터 강남역 12번출구 02-2051-9709
www.realspanish.co.kr

오려서 사용하세요.

 레알 스페인어 학원 **수강 할인쿠폰**

REAL
스페인어교육의 명문, 레알 어학원

오려서 사용하세요.